AF346601

DECLARATION

DV

SERENISSIME ROY

IAQVES I. ROY DE LA
Grand' BRETAIGNE FRANCE
ET IRLANDE, Defenseur
de la Foy.

POVR LE DROIT DES ROIS
& independance de leurs Couronnes,

CONTRE LA HARANGVE DE L'ILLVS-
TRISSIME Cardinal du Perron prononcée
en la chambre du tiers Eftat le XV.
de Ianuier 1615.

A LONDRES,
PAR IEHAN BILL
Imprimeur du Roy.

M.DC.XV.
Auec priuilege de fa Majefté.

HONI SOIT QVI MAL Y PENSE
DIEV ET MON DROIT

 ON inclination n'est pas d'estre curieux en la Republique d'au-truy, ni de m'entremettre des affaires de més voisins sans en estre requis. Il est plus conuenable a la dignité Royale dont Dieu m'a honoré de donner des Loix a mes sujects, que des conseils aux estrangers. Ce neantmoins l'amitié que i'ay portée au Roy Henry IV. d'heureuse memoire mon treshonoré frere, & la douleur que j'ay receuë de l'horrible parricide commis en la personne d'vn Roy si vertueux, & la memoire du danger que moy mesmes ay couru par les conspirations venuës de mesme source, font que ie compatis aux maladies de mes amis, lesquelles sont d'autant plus grandes, que les Rois mesmes qui y ont le plus d'interest en ont moins de sentiment : Lesquels si ie ne puis reueiller par mes aduertissemens, au moins la posterité me sera tesmoing de n'auoir manqué en vne occasion si pressante : & que les renuersemens des Royaumes, & les meurtres des Rois qui pourront arriuer cy aprés, n'aduiendront point par faute d'aduertissement. Car ie suis persuadé que c'est vne des fins

a 2

pour

pour lesquelles Dieu m'a esleué sur le Throsne,
afin que parlant d'vn lieu plus haut pour la defense
de l'honneur de Dieu qui est vilipendé en ses
Lieutenants, ie soye plus aisément entendu.

Or esperois ie que les Estats assemblez a Paris
se souuenans des meurtres de leurs Rois, & des
guerres de la ligue, qui ont cõmencé par les fulmi-
nations du Pape, comme quand vne grosse gresle
commence par vn esclat de tonnerre, & de tant de
liures qui approuuent les parricides & depositions
des Rois, tascheroyent a y trouuer des remedes. Et
m'estois esjouy d'entẽdre que le tiers estat auoit proposé vn article cõtenant les moyens d'oster au peuple l'opinion que le Roy puisse estre deposé par le
Pape, & que par la tuerie des Rois on puisse obtenir la couronne du Martyre. Mais le rebours est
aduenu. Car cet article du tiers estat, semblable a
vn souspir de la liberté mourãte, n'a seruy qu'a as-
sujettir tant plus la couronne, & aggrauer la seruitude. Tout ainsi que les medecines qui ne soula-
gent point le patient empirent la maladie, ainsi ce
remede proposé par le tiers estat n'a faict qu'enaig-
rir le mal, le remede salutaire ayant esté surmonté
par les humeurs peccãtes qui se sont reueillées par

la

la cõtradiction. Et euſt mieux valu ne mouuoir point
ceſte matiere, que l'ayant meuë laiſſer ſuccomber
la verité ſoubs la violence d'vne faction eſtangere.
Car l'opinion qui aſſujettit au Pape les couronnes
des Rois ayant eſté ſouſtenuë en vne ſi celebre aſſemblée, par la bouche d'vn Prelat de grande doctrine & authorité, parlant non comme particulier
mais comme repreſentãt tout le corps du clergé, &
auec approbation de la nobleſſe, ſans qu'il s'en ſoit
enſuiuie aucune reſolution au contraire: ains aprés
des louãges et remerciemens du Pape, l'impreßion
d'vne harangue prononcée en pleins eſtats, qui fait
les Rois depoſables par le Pape, nõ ſeulement im-
primée auec priuilege du Roy, mais enuoyée a moy
par l'autheur, preſuppoſant que la lecture me donneroit ample ſatisfaction: pour toutes ces cauſes on.
peut dire qu'apres ces eſtats la Royauté eſt demeurée en ſuſpens, & que ſelõ ceſte doctrine maintenuë
par le Clergé, on peut iuſtement douter qui eſt Roy
en France. Car il eſt hors de doute, que celuy n'eſt
Roy qu'en tiltre, qui ne reigne qu'a la diſcretion
d'autruy, & auquel le Pape peut oſter la courõne.
Celuy là n'eſt pas ſouuerain es choſes tẽporelles qui
peut eſtre depoſſedé de tout ſon temporel par vne
a 3

puißance

puiſſance ſuperieure. _Que ſi on regarde de bien prés
a la ſubſtance de l'article du tiers eſtat,on trouuera
que ceux qui l'ont dreſſé ne requeroyent autre
choſe ſinon que leur Roy ſoit vrayement Roy, &
recogneu ſouuerain en ſon Royaume, & que le
tuer ne ſoit plus eſtimé vn œuure agreable a Dieu._

Cela ayant eſté reietté bien loing par l'oppoſition du Clergé & de la nobleſſe, comme vn article
pernicieux,comme vne cauſe de ſchiſme,comme la
porte ouuerte a toutes hereſies , iuſques a maintenir
que ſi cet article eſt reçeu il s'enſuit que l'Egliſe
depuis pluſieurs ſiecles a eſté le regne de l'Antechriſt
& la ſynagogue de Satan, c'eſt a bon droict que le
Pape a eſcrit des lettres triomphantes a la nobleſſe
& au clergé qui luy ont eſté fideles en ceſte cauſe,ſe
glorifiant de la victoire obtenuë ſur les Rois,par la
magnanimité de ceſte genereuſe nobleſſe, qui a reſiſté au tiers eſtat,appellé par meſpris nebulones
ex fæce plebis, comme gens qui ont voulu faire
des affectionnez & des entendus, & faire la leçon
a leurs maiſtres.

Or qu'en ce poinct le tiers eſtat ait monſtré plus
d'affection enuers ſon Roy que le Clergé, ce n'eſt
point de merueilles , puis que les clercs ſouſtiennent
qu'ils

qu'ils ne font pas fujets du Roy, & ont vn fouuerain hors du Royaume dont ils dependent, eftans
obligez a hauffer la Monarchie dont ils font
partie, comme i'ay monftré en vn autre lieu. Mais
on n'euft iamais creu que la nobleffe qui eft le bras
droit des Rois, euft voulu proftituer la dignité de
fon Roy, comme quand vn bras frappe fa tefte, &
fouftenir que fon Roy eft depofable. Dont s'enfuit
neceffairement qu'il peut eftre tué iuftement, fi a-
prés vne iufte depofition il fe veult maintenir en
fon droit. Ce qui me fait dire que la nobleffe de
France deuroit fe deffpouiller de fes tiltres & les
refigner au tiers Eftat, puis que ce feul corps a eu
vn courage noble, n'ayant peu eftre flefchi par pro-
meffes, ni intimidé par menaces qu'il ne fe foit tenu
ferme a ce qui eft de la dignité de fon Roy, &
de la feureté de fa perfonne.

Parmy le Clergé celuy qui a le plus proftitué fon
honneur, & auquel la France a le moins d'obligation eft Monfieur le Cardinal du Perron, homme
au refte plein de fçauoir & d'eloquence, qui en
deux harangues prononcées l'vne deuant la nobleffe, l'autre deuant le tiers Eftat a tafché de rendre odieufe cefte doctrine qui rend les Rois indepofables

ſables par le Pape, comme vne doctrine qui cauſe le ſchiſme, & qui ouure la porte a toutes hereſies: bref comme vn point lequel pluſtoſt que de ſoubſigner, luy & tous ſes compagnons Eueſques ſouffriront le martyre. Ce que i'ay trouué plus eſtrange en luy qu'en vn autre, pource qu'il a ſuyui long temps le feu Roy, lors meſmes qu'il eſtoit de contraire religion & depoſé par le Pape, & que peu auparauant en vne aſſemblée tenuë aux Jacobins de Paris, il auoit reſiſté au Nonce qui vouloit que ceſte doctrine de la ſouueraineté temporelle du Pape fuſt tenuë côme article de foy. Mais en ces harangues il faict vne eſpece de palinodie, & prononce luy meſme la condamnation de toute ſa vie paſſée. S'eſtant en cela accommodé au temps. Car il eſt ſi prudent qu'il n'euſt oſé entreprendre ſous le feu Roy, ce qu'il a oſé faire ſous le regne de ſon fils, que la grande ieuneſſe & nouuelle entrée au Royaume rendent plus expoſé aux iniures & plus aiſé a circonuenir.

De ces deux harangues il a ſupprimé celle qu'il a faicte a la nobleſſe de peur d'offenſer le Pape : pour y auoir dit trop ſouuent que ceſte doctrine eſt problematique, & y auoir oſé dire que les Catholiques de mon Royaume ſont obli

gez

gez a m'obeir, sçachant bien que le Pape tient ceste doctrine de la deposition des Rois pour necessaire, & qu'il n'approuue nullemēt que les Papistes de mon Royaume me soyent fideles. Que si l'abbregé de sa harangue au tiers estat qui a esté publié est veritable, auquel il compare la puissance du Pape a celle du Duc de Venize qui reçoit les honneurs au nom de l'Eglise, ie ne m'esbahis pas si en faisant imprimer ceste harangue il a osté ceste clause & autres semblables de peur d'offenser sa Saincteté.

Il s'est donc contenté de faire imprimer celle qu'il a fait au tiers estat, dont il m'a enuoyé de sa grace vne copie, laquelle apres auoir leuë, i'ay bien recogneu quelle difference il y a entr'vn homme qui parle a bon escient, & vn qui parle contre sa conscience. Car par tout il se contredit a soy mesme, & semble auoir peur d'estre entendu.

Il recognoist que ceste question n'est decidée par l'Escriture saincte, ny par les Decrets de l'Ancienne Eglise, ny par l'analogie des autres procedures Ecclesiastiques, & neantmoins il dit que tenir pour doctrine meschante & abominable

Douze preuues par lesquelles il paroist que Monsieur le Cardinal parle en ceste harengue contre son propre sentiment.

I.
Pag. 85.

b   ceste

ceste doctrine que les Rois ne peuuent estre depo-
sez par le Pape est tenir qu'il n'y a plus d'Eglise
depuis plusieurs siecles, & qu'elle est la synagogue de l'Antechrist.

2.   Il exhorte ses auditeurs a tenir au moins ceste
doctrine pour problematique & non necessaire,
& cependant les exhorte a se submettre en cela
au iugement du Pape, & du Clergé lequel en a
desia decidé.

3.   Il dit que cet article reçeu il s'ensuit que le
Pape est l'Antechrist, & neantmoins dit que le
Pape tolere que plusieurs François tiennent en
ce poinct vne doctrine contraire a la sienne, pourueu qu'ils ne la proposent point pour necessaire
en matiere de foy, comme si le Pape permettoit
a aucun en quelque façon que ce soit, de tenir
aucune doctrine contraire a la sienne, & principalement vne dont il s'ensuit que le Pape est
l'Antechrist.

4.   Il s'offre a souffrir le martyre plustost que de
soubsigner ceste doctrine qui rend les Rois inde-
posables par le Pape, neantmoins dit que le
Pape souffre que les François tiennent ce point
pour problematique : Dont s'ensuit que le Martyre

tyre qu'il souffriroit pour ceste cause seroit vn martyre problematique, & qu'on pourroit à bon droit disputer si son martyre seroit point vn crime, ou vne phrenesie, ou vne iuste punition.

Il denonce Anatheme & malediction aux parricides des Rois, mais aillieurs il declare qu'il parle des Rois pendant qu'ils sont Rois, Or on sçait qu'vn Roy deposé n'est plus Roy, par ainsi celuy qui a tué Henry troisiesme qui estoit deposé du Pape, n'a pas tué vn Roy.

5.

Item il ne veult pas qu'on tuë vn Roy : mais veult bien qu'on le despouille depeur qu'il se puisse defendre quand on le voudra tuer.

6.

Il n'approuue pas qu'vn Roy soit tué par assasinat de peur de perdre son ame auec son corps, mais ne trouue pas mauuais qu'il soit tué en la campagne, & percé de coups en vne bataille, presupposant que par ce moyen l'ame du pauure Roy sera sauuée.

7.
Pag.69.&97:

Il dit qu'vn Roy deposé retient encores vne habitude à la dignité Royale & vn charactere politique qui quand il vient à se corriger le reporte à l'vsage legitime de la Royauté, presupposant que celuy qui se sera emparé du Royaume

8.

le

le laißera viure, & s'il void en luy des signes de
repentance, luy rendra de bonne foy le Royaume.

9.   Par tout il dit qu'il ne traitte ceste matiere
que problematiquement, & sans rien resouldre,
& cependant appuye de toute sa force l'opinion
qui tient que le Pape peut deposer les Rois, re-
fute les objections, propose l'authorité des Papes,
et des Conciles, et notamment de celuy de Latran
soubs Innocent troisiesme, & le consentement
de l'Eglise, a laquelle s'opposer il estime que
c'est faire vn schisme, & nier que depuis plusieurs
siecles il y ait eu aucune Eglise au monde, qui
est (ce me semble) parler auec resolution.

10.   Il ne recognoist autre cause de deposition d'vn
Roy, que l'heresie, l'apostasie, & l'infidelité :
& neantmoins il prouue que le Pape a puissance
de deposer les Rois pour heresie & apostasie, par
des exemples de Rois deposés par le Pape non
pour heresie, mais pour mariages, & pour pretentions ciuiles, & pour faute de capacité.

11.   Et par tout allegue les passages tant de l'Escriture saincte, que des Peres & histoires mo-
dernes, si peu a propos & auec si peu de fidelité,
comme nous ferons voir cy dessous, qu'il n'est pas
possible

poßible qu'vn homme sçauant comme il est,
parle selon son sentiment.

Tout cela se disant pour gratifier le Pape, cependant il luy eschappe de dire choses qui l'of-
fensent bien fort, notamment en ce qu'il le fait
sujet au Concile, & submet son iugement au iugement du peuple François, comme nous verrons
en son lieu. Item en ce que representant a son
auditoire quel est le iugement que les Papes &
Conciles ont donné sur ceste matiere, neantmoins
il dit qu'il ne traitte ceste question que problematiquement, & sans rien resouldre : Comme si vn
Cardinal aprés la decision des Papes & Conciles
deuoit craindre de parler auec fermeté & resolution : ou comme si on deuoit parler irresolu-
ment d'vne chose pour laquelle on s'offre a souffrir le Martyre. A quoy si vous adjoustés que
Monsieur le Cardinal auoit toufiours auparauant soustenu le contraire de ce qu'il a soustenu es
Estats, vous recueillerés indubitablement qu'il
y a parlé contre sa conscience.

Cés choses paroistront par la deduction sui-
uante & par l'examen qu'auec l'assistence de
Dieu ie veulx faire de ceste harangue faite a

b 3

l'opprobra

l'opprobre des *Rois*, & a la ſubuerſion des
Royaumes : *Non* pas que ï'eſlime qu'il y ait
pour moy aucune gloire d'entrer en lice contre
vn *Cardinal*, ſçachant bien combien cela eſt au
deſſous de la dignité *Royale*. Sçachant auſſi combien la parole de Dieu exalte les *Princes*, iuſques a les appeller *Dieux*, au lieu que la dignité
de *Cardinal* eſt vne nouuelle inuention humaine,
comme ï'ay prouué aillieurs. Mais ï'ay eſté meu a
ce faire par l'intereſt commun que les *Rois* y ont:
& par ce que le dit Sr *Cardinal* ne parle point en
ceſte harangue comme vn particulier, mais comme
repreſentant le corps du *Clergé* & de la nobleſſe:
qui l'ont emporté contre le tiers eſtat. Et parce
qu'en mon particulier il me traitte comme vn ſe-
meur de diſſentions, & comme vn perſecuteur,
ſous lequel l'*Egliſe* a de la peine a reſpirer, &
qui fais endurer aux *Catholiques* toutes ſortes
de ſupplices. Appellant l'article du tiers eſtat
vn monſtre ayant vne queuë de poiſſon, venu a
nage d'*Angleterre*. Joint que l'eſtat de la
France eſtant auiourd'huy ſi miſerable, que c'eſt
vn crime a vn *François* de parler pour ſon *Roy*,
il faut par neceſſité que les voiſins preinent la
parole,

En la Preface
de mon Apo-
logie.

parole, & essayent a faire retentir de loing la verité, laquelle s'en va mourante, & qu'on veult enseuelir sous la violence.

Ie ne toucheray point a plusieurs petites choses dont son liure est parsemé, comme a s'es allegations de Periclés, d'Agesilaus, d'Aristote, de Minos, des Druides, des dames Gauloises, d'Annibal, de Pindare, & des fables des Poëtes, qui sont comme fleurs rouges & bleuës croissantes parmi vn bled, qui gastent plus qu'elles n'embellissent: & qui estoyent indecentes a la dignité tant de l'assemblée & du sujet, que de la personne de celuy qui parloit, car il ne deuoit commencer par Periclés, mais par le nom sacré de Dieu. Ni faire suiure vn passage d'vn Prophete Royal apres l'exemple d'vn orateur payen.

Ni a ce qu'il estime que les côquestes des Romains estoyent graces de Dieu & benedictions temporelles, en recompense du zele qu'ils portoyent au seruice des idoles, comme si Dieu recompensoit les crimes, ou comme si c'estoit vne benediction de Dieu que de rauir le bien d'autruy. Pag. 4.

Ni a ce qu'il ameine pour exemple des tourmens eternels denôcés par les loix Ecclesiastiques aprés Pag. 7. & 8.

Pag. 13.

aprés ceste vie, les Vierges Milesienes qu'on trainoit nuës & descouuertes apres la mort.

Ni a l'exposition qu'il apporte du mot de problematique, disant qu'il appelle problematique vne chose qui n'est point necessaire en matiere de foy, & de laquelle la contradiction n'oblige pas ceux qui la croyent a Anatheme & perte de communion, comme ainsi soit qu'Aristote, duquel toutes les escholes ont emprunté leurs termes, nous enseigne que toute proposition est appellée Probleme, quand elle est proposée en forme de doubte, encores que la chose soit tres necessaire de sa nature. Comme demander s'il y a vn Dieu, & si l'homme est vn animal raisonnable. Dont appert que les propositions proposées problematiquement ne laissent pas d'estre necessaires de leur nature, & que souuent la contradictoire obligeroit ceux qui la croyent a Anatheme & perte de communion. Il y a nombre de choses pareilles que ie veux passer pour m'arrester au fonds & a la substance de la chose.

Arist. 1.Topic. cap. 4. dit que προτασις & προβλημα sont tout vn ἀπὸ πρα-σις γὰρ προτα-σεως προβλημα ποιησεις pour-men qu'on y ad-iouste πότερον, ou VTRVM comme, Vtrum homo sit animal, &c.

DECLA-

DECLARATION

DV

SERENISSIME ROY DE

LA GRAND' BRETAIGNE,

FRANCE ET IRLANDE,

Defenseur de la Foy,

POVR LE DROIT DES ROIS

& independance de leurs Couronnes,

CONTRE LA HARANGVE DE I'ILLVS-TRISSIME Cardinal du Perron prononcée en la chambre du tiers Eſtat.

Le 15. Ianuier. 1615.

C'Eſt auec iuſte ſuiet que Monſieur le Cardinal du Perron recognoiſt des l'entrée de ſa harangue que l'ordre Eccleſiaſtique a plus d'obligation au ROY, que la Nobleſſe & le tiers Eſtat, puis que les cleres iouiſſent de leurs dignitez & richeſſes par la pure grace du Roy, ſans peril & ſans deſpenſe, mais les autres tiennent leurs charges a tiltre onereux, & au prix de leur ſang & de leur argent. Mais de la ne ſ'enſuit pas ce que le dit Sieur Cardinal en veult inferer, aſçauoir que le tiers Eſtat doit laiſſer au Clergé le ſoing de pouruoir aux remedes contre les aſſaſſinateurs, leſquels (ce dit il) doiuent eſtre des loix de conſcience qui agiſſent ſur les ames, & non des peines

A

tempo-

temporelles. Car il n'aduient pas tousiours que ceux la facent mieux leur deuoir qui sont plus obligés a le faire. Et quant ainsi seroit que le clergé se fust monstré iusques icy soigneux de la vie & de l'honneur de son Prince, si estce que les peines spirituelles denoncées par les Ecclesiastiques ne doibuent point lier les mains au magistrat, ni empescher les peines temporelles, lesquelles ont ordinairement plus de force a retenir les meschans que l'apprehension du iugement de Dieu.

C'est pourquoy le tiers Estat representant tous les officiers de la France ausquels la iustice est commise, & la manutention des droits & de la dignité du Roy, ne peut estre blasmé d'auoir voulu pouruoir a la conseruation du Roy, & a la dignité de sa couronne : & ce d'autant plus que le Clergé manquant a son deuoir, le peuple doibt necessairement se charger de ce soucy. Car n'estce pas du Clergé que sont procedés tous les maulx qu'on tasche d'euiter ? Les dernieres guerres ciuiles qui ont respandu tant de sang, & causé le parricide de Henry troisiesme, n'ont elles pas commencé par la deposition dudit Roy par le chef du Clergé ? Les Prelats, Curés & confesseurs, ne versoyent ils pas de l'huile dedans ce feu par sermons seditieux, & par confessions secrettes ? Celuy qui tua le susdit Roy, n'estoit il pas Clerc ? Guignard n'estoit il pas Iesuite ? Iehan Chastel n'estoit il pas sorty de mesme eschole ? Rauaillac en son interrogatoire enquis qui l'auoit meu a cet horrible attentat ne r'enuoya il pas ceux qui l'interroge oyent aux predications du Caresme precedent, ou ils auoyent peu en apprendre les causes ? Bellarmin,

Eudæmo-

Eudæmonoiohannes, Suarez, Becanus, Mariana, & tels
monſtres qui enſeignent les Parricides, & ſouſtiennent les æquiuocations en iuſtice, & le ſecret des con-
feſſions, ne ſont ils pas Clercs, & leurs liures approuuez
par vn corps de docteurs qui y ont appoſé leurs ſeings?
Et en mon Royaume les principaux promoteurs &
complices de la conſpiration de la poudre n'eſtoyent
ils pas Eccleſiaſtiques? L'un des complices nommé
Faux maintenoit ſon faict, diſant qu'il eſtoit bien aſ-
ſeuré en ſa côſcience que ſon entrepriſe eſtoit iuſte, ayant eſte ſuffiſamment inſtruit là deſſus par des hommes
doctes auant que de ſortir des pays bas. Auſſi entr'eux
c'eſt vne creance generale que les Cleres ne ſont point
ſuiects du Roy.   Et Monſieur le Cardinal recognoiſt
que ceux qui ont tué les Rois ont entrepris ces deteſ-
tables parricides ſous vne fauſſe perſuaſion de Religion, inſtruits donc par ceux qui leur enſeignoyent
la Religion, c'eſt a dire par les Eccleſiaſtiques. De tout
cela ie recueille, qu'encores que parmi le Clergé de
France il y en ait bon nombre qui aime ſon Roy,
eſquels le Charactere clerical n'a point effacé la fidelité
naturelle, ſi eſtce que le mal eſtant plus grand en cet
ordre qu'en nul autre, le tiers Eſtat a eu iuſte ſuiet de
ne vouloir point laiſſer au ſeul Clergé le ſoing de pouruoir a la vie & ſeureté de la couronne de ſon Roy.
Ioint que le Clergé en toutes matieres douteuſes
eſtant obligé d'en deferer le iugement au Pape, lequel
en ceſte cauſe eſt partie, & pretendant que les couronnes dependent de luy, le tiers eſtat ne pouuoit eſperer
que le Pape ſe condamnaſt ſoy meſme, ayant deſia de-

A 2   claré

claré quel eſt ſon ſentiment en ceſte queſtion. Que ſi les remedes que le tiers eſtat & les officiers du Roy y ont voulu apporter n'ont pas reüſſi, ce n'eſt pas qu'ils ne ſoyent bons & legitimes, mais cela vient de ce que le Clergé n'y a pas contribué ce qu'il deuoit & pouuoit, & pource qu'aprés qu'on a bruſlé les liures qui approuuent la reuolte des peuples, la deſtitution des Rois & les parricides, on ne laiſſe pas de fauoriſer les autheurs : & qu'on punit en public vn miſerable parricide, mais non ceux qui ſement parmy le peuple ceſte doctrine abominable. ●

Par les choſes ſuſdites appert que Monſieur le Cardinal eſtoit mal fondé en l'exhortation qu'il faiſoit au tiers eſtat, de remettre entierement au clergé le ſoing de ceſte affaire. Laquelle exhortation il taſche de fortifier par vne raiſon encores plus foible, diſant qu'il ne fault point meſler ce qui eſt indubitable auec vn poinct contentieux. Ces choſes indubitables ſont deux. L'vne eſt que pour quelque cauſe que ce ſoit il n'eſt loiſible d'aſſaſſiner les Rois, ce qu'il fortifie par l'exemple de Saül depoſé, lequel toutefois Dauid ne voulut tuer, & par le decret du Concile de Conſtance contre les meurtriers des Rois. L'autre eſt que les Rois de France ſont Souuerains de toute ſouueraineté temporelle en leur Royaume, & ne ſont feudataires, ni du Pape, comme ceux qui ont receu ou obligê leurs couronnes a ceſte condition, ni d'aucun autre Prince. Toutefois il dit que ce point n'eſt certain que de certitude humaine & hiſtorique. Mais il dit qu'il y a vn troiſiéſme point qui eſt contentieux &

diſputé

Pag.9.

Concil.Conſtant.
Seſſ.15.

Pag.10.

difputé, lequel il ne fault mefler auecques ce qui eft
certain & indubitable, de peur de rendre douteux ce
qui eft certain, en y meflant quelque chofe de contentieux.   Ce point eft, afçauoir quand vn Prince vio-
lant le ferment fait a Dieu de viure & mourir en la Religion Catholique fe rend Arian ou Mahometan, &
vient a faire la guerre a IESVS CHRIST, s'il peut
eftre declaré décheu de la Royauté, & a qui c'eft de declarer fes fuiets abfous du ferment de fidelité : Et dit
que toutes les autres parties de L'Eglife Catholique, &
mefmes L'Eglife Gallicane depuis qu'elle a eu des
efcholes de Theologie, iufques a Caluin, tiénnent
qu'vn tel Prince peut eftre depofé par le Pape & par le
Concile : Que fi la doctrine contraire eftoit la plus
vraye du monde, on ne la pourroit au plus tenir que
pour problematique en la foy.   C'eft la le fommaire
de fon difcours, duquel nous fommes contraints de remettre la refutation a vn autre lieu, pource qu'il infi-
ftera derechef fur ces mefmes chofes beaucoup plus au
long. Là nous verrons que Monfieur le Cardinal approuue les meurtres des Rois depofés. Item que Saül
n'a iamais efté depofé. Que le Concile de Conftance
ne fait rien a ce propos, comme ne parlant point du
meurtre des Princes fouuerains. Que Monfieur le Cardinal n'eftime pas fon Roy eftre fouuerain en France,
puis qu'il peut eftre priué de fa couronne par vne puiffance fuperieure. Que l'Eglife Gallicane de tout temps
a tenu fes Rois indepofables par le Pape. Que le Pape
ne peut iuftement pretédre qu'aucun Roy luy foit feu-
dataire, ou obligé a luy faire hommage de fa couronne.

A 3

Il

Il s'arrefte donc fur le troifiefme point qu'il dit eftre contentieux, & dit que condamner ou enclorre foubs l'anatheme ceux qui tiennent que le Pape peut depo-fer les Rois, c'eft tomber en quatre manifeftes inconueniens.

Pag. 14.

I. Le premier eft que c'eft forcer & enlacer les confciences en les obligeant de croire & iurer fous peine d'anatheme vne doctrine dont le contraire eft tenu par toute l'Eglife Catholique, & l'a efté par leurs predecefleurs.

II. Le deuxiefme eft que c'eft renuerfer de fonds en comble l'authorité de l'Eglife, & ouurir la porte a toute forte d'herefie, que de vouloir que les laïques ofent entreprendre de iuger de la foy. Que c'eft vfurper le Sacerdoce, mettre la main a l'arche, & prendre l'encenfoir.

III. Le troifiefme inconuenient eft, que c'eft amener vn fcifme ineuitable. Car tous les autres Catholiques tenans cefte doctrine, nous ne pouuons (dit il) la declarer contraire a la parole de Dieu, impie & deteftable, fans renoncer a la communion du chef & des autres parties de l'Eglife, & fans confefler que l'Eglife a efte depuis tant de fiecles la fynagogue de Satan & l'efpoufe du diable.

IV. Le quatriefme eft, qu'eftablir cet article qui fouftient l'independance de la couronne des Rois, eft non feulement rendre inutile le remede qu'on veut apporter au peril des Rois, en infirmant par le meflinge d'vne chofe contredite ce qui eft indubitable, mais mefme qu'au lieu d'affeurer la vie &

l'eftat

l'eſtat des Rois, c'eſt mettre l'vn & l'autre en plus
grand peril par la ſuite des guerres & malheurs
que les ſciſmes ont accouſtumé d'attirer apres
eux.

A la preuue de ces quatre points Monſieur le Cardinal employe ſa harangue, leſquels nous voulons examiner par ordre , & monſtrer que ces inconueniens
ſont nuls & imaginaires & fondés ſur des fauſſes pre-
ſuppoſitions . Mais auant que d'entrer en matiere le
lecteur doit eſtre aduerti, qu'il deguiſe la queſtion, &
propoſe ceſte matiere non ſeulement contre la verité,
mais auſſi contre l'intention des Papes, en reſtreignant
la puiſſance du Pape a depoſer les Rois, au ſeul cas d'hereſie & d'Apoſtaſie & perſecution de l'Egliſe. Car les
Papes eſtendent leur puiſſance bien plus loing , ils de-
poſent les Princes pour auoir diminué les priuileges des
monaſteres, comme enſeigne le Pape Gregoire premier,
au pretendu priuilege de l'Abbaye de Sainct Medart de
Soiſſons, qui eſt adjouſté a la fin de ſes Epiſtres . Et en
l'Epiſtre a Senator qui eſt la 10. du liure onziéme.
Item pour tardiueté & incapacité ſoit vraye ſoit pretenduë. Ainſi il ſe vante en la cauſe 15. au Canon
Alius que le Pape Zacharie a depoſé Childeric Roy de
France *non tant pour ſes iniquités que pource qu'il n'eſtoit* Quæſt.6.
capable de ſouſtenir vne ſi grande charge. Item pour collation de benefices & prebendes, qui eſt la querelle entre
le Pape Innocent III. & Iehan Roy d'Angleterre : &
entre Philippe le Bel & Boniface VIII. Item pour a-
dulteres & quèrelles de mariages, comme quand Philippe I. laiſſa ſa femme Berthe, & prit en ſon lieu Bertrade.

trade femme du Conte d'Anjou. En fin ie voudrois
bien sçauoir pour quelle heresie ou apostasie de la Foy
furent fulminés & deposés par les Papes Henry IV.
& Frederic Barberousse & Frederic second Empereurs. Estoit ce pour heresie ou Apostasie que Martin
IV. Pape acquitta & absolut les Arragonois du serment
de fidelité qu'ils auoyent fait a leur Roy Pierre ? Estoit
ce pour heresie, ou Apostasie, Arianisme, ou Mahu-
metisme, que Iules II. deposa le bon Roy Louys XII.
pere du peuple ? Estoit ce pour heresie ou Apostasie
que Sixte V. deposa Henry III. dont est ensuyui le
parricide de ce bon Roy, & vne horrible desolation
du Royaume ? Mais le Cardinal s'est restreint a la cause
de la deposition des Rois la plus specieuse, se persua-
dant qu'il parloit deuant des personnes peu versées es
histoires, & qui ne cognoissoyent pas l'estat de la question. Il deuoit donc apporter lettres du Pape par lesquelles il declarast qu'il renonce a toutes les autres
causes de degradation des Rois, & qu'il se contentera
desormais de depoter les Rois pour heresie. Et que par
mesme moyen le Pape declarast qu'il ne veult pas se
rendre iuge si vn Roy est Heretique, car s'il le faisoit il
seroit iuge & partie, & pourroit apeller heresie ce qui
ne l'est pas, afin de se rendre maistre du Royaume, &
y mettre vn successeur qui dependroit de luy, comme
ayant receu la couronne de sa liberalité : Ainsi le Pape
Boniface VIII. en ses lettres orgueilleuses declare heretiques ceux qui voudroyent dire que les collations
des prebendes appartiennent au Roy : qui est vn erreur
dudit Pape non point au fait mais au droit. Et c'estoit
le

le crime que les Papes mettoyent a fus au pauure Empereur Henry IV. iufques a faire rebeller fon propre fils contre luy, & empefcher que fon corps ne fuft enterré aprés fa mort, encores qu'il n'euft iamais difputé d'aucun point de Theologie. Auentin au 3. liure de l'hiftoire de Bauiere recite que Virgile Euefque fut declaré heretique pource qu'il enfeignoit qu'il y auoit des antipodes. La Bulle *Exurge* qui eft mife a la fin du dernier Concile de Latran met cecy entre les herefies de Luther, que la meilleure penitence de toutes eft l'amendement de vie : Le Concile de Conftance en la Seffion 11. met cecy entre les crimes de Iehan XXIII. Pape d'auoir nié l'immortalité de l'ame : adjouftant que *cela fe tient tout publiquement, ouuertement, & notoirement* : Si donc vn Pape ayant quelque femblable erreur vouloit depofer vn Roy qui feroit de contraire auis, je ferois grand doubte qu'un tel Roy fuft iuftement depofé.

Iuuanenfis Epifcopus.

Optima penitentia, noua vita.

EXAMEN DV PREMIER INCONVENIENT.

L E premier inconuenient que Monfieur le Cardinal fait naiftre de la reception de l'article du tiers eftat, par lequel les Rois de France font declarés indepofables par aucune puiffance fuperieure fpirituelle ou temporelle, eft qu'il forceroit les confciences a condamner fous peine d'anatheme vne doctrine qui a efté creuë & pratiquee en l'Eglife depuis onze cents ans. Confeffant par là qu'es cinq cents premiers ans elle n'a efté ny creuë ny pratiquee. Qui eft ce me femble paſſer vne condamnation volontaire. Car l'Egliſe du temps des Apoſtres & de leurs diſciples & ſucceſſeurs, iuſques a cinq cents ans ſçauoit auſſi bien quelle puiſ-ſance l'Egliſe doit auoir ſur les Empereurs & Rois, qu'es ſiecles ſuiuants, eſquels l'orgueil eſt accreu & la pureté diminuée. Veu meſmes que durant ces cinq cents premiers ans, l'Egliſe a veſcu non ſeulement ſous des Empereurs payens, mais auſſi ſous des Rois here-tiques, tels qu'eſtoyent les Rois Viſigots en Heſ-pagne, & les Rois Vandales en Afrique, leſquels le Pape de Rome ne deuoit craindre d'offenſer, comme viuant loing d'eux, & hors leur domination. Toute-fois voyons ſi M. le Cardinal es hiſtoires plus nouuel-les trouue quelque choſe qui luy puiſſe ſeruir : nous ſouuenants touſiours qu'il n'eſt point icy queſtion de tumultes populaires, ny de rebellion de ſujets s'eſ-mouuants d'eux meſmes, ny d'excommunications ou reprehenſions, mais d'vne ſentence iuridique de depo-ſition prononcée contre vn Prince ſouuerain par le Pape, comme ayant puiſſance ordinaire & legitime.

Il commence donc par l'Empereur Anaſtaſe qu'Eu-phemius Patriarche de Conſtantinople ne voulut ia-mais recognoiſtre pour Empereur (c'eſt a dire conſen-tir qu'il fuſt creé Empereur) qu'il n'euſt ſouſcrit au Symbole de Chalcedoine, quoy que l'Imperatrice & le Senat trainaſt le dit Euphemius par violence pour le contraindre : Auquel Empereur retombé en hereſie contre ſon ſerment & deuenu perſecuteur l'Eueſque de Rome Symmache fit des remonſtances & l'excommu-nia. Il adjouſte que le dit Empereur ayant voulu

fourrer

fourrer dans l'office de l'Eglife le venin de fon herefie, le peuple de Conftantinople s'efmeut contre luy, & vn de fes capitaines le contraignit par armes a rappeller les Euefques qu'il auoit bannis.

Cet exemple, n'en deplaife a Monfieur le Cardinal, ne touche ni prés ni loing la queftion : Euphemius n'eftoit pas Euefque de Rome, & ne depofa pas l'Empereur, mais refufa de confentir a fon election. L'émotion d'une populaffe, ou la rebellion d'un Capitaine Grec, ne fait rien pour authorifer l'Euefque Romain en la depofition des fouuerains. L'excommunication de l'Empereur par le Pape fi elle eft vraye (car M. le Cardinal n'en produit autre tefmoing que le Pape mefme, & on fçait combien les efcrits & Epiftres des anciens Papes font faulfes & fuppofées) fi eftce qu'elle n'emporte point de depofition. Ie dis bien plus : c'eft que l'excommunication qu'un Euefque loingtain denonçeoit a quelqu'un qui n'eftoit pas de fon troupeau, n'eftoit pas vne exclufion de la communion de l'Eglife, ains vne declaration de ne vouloir plus communier auec luy : tefmoing les Canons des Conciles de Carthage. Dont * l'vn ordonne qu'vn Euefque qui s'exempte de fe trouuer aux Synodes , ne foit receu a la communion des autres Eglifes, mais feulement en la fienne. Et * vn autre Canon ordonne que fi quelque Euefque s'ingere de donner la conduite de fon monaftere a vn moine de quelque autre monaftere, *qu'vn tel foit feparé de la communion des autres Euefques fe contentant de communier auec fon troupeau.* C'eft en ce fens que S. Hilaire Euefque de Poictiers excommunia Liberius

Euefque

B 2

* Nomocanonis Africani Canon 77. ὁ ὀφείλειν τὺς τοιέτας τῇ κοινωνία τῆς ἰδίας οῦῶν ἀρκεῖσθαι ἐκκλησίας.
* Canon 81. eiufdem Nomocanonis. ἀπὸ τῶν λοιπῶν κοινωνίας χωριζόμενος τῇ τε ἰδία λάυ κοινωνία ἀρκεσθῇ μόνῃ.
Faber in fragmentis Hilarij. Anathema tibi à me Liberi.

Euefque de Rome pour auoir foufcrit a la confeffion des Arriens : C'eft en ce fens que Iehan Euefque d'Antioche excommunia l'Euefque de Rome Celeftin & Cyrillus d'Alexandrie, pour auoir procedé a la condamnation de Neftorius fans l'attendre. C'eft en ce fens que Victor Euefque de Rome retrancha, non de la communion de leurs troupeaux, mais de fa communion, tous les Euefques Orientaux. Ce n'eftoit donc rien de pareil a l'excommunication que les Papes ont long temps depuis fulminée.

Ce qui fert de refponfe a l'exemple de Clothaire qui de peur des cenfures du Pape Agapet erigea la terre d'Yuetot en tiltre de Royaume pour fatisfaction du meurtre commis en la perfonne de Gaultier d'Yuetot : dont M. le Cardinal n'ameine autre tefmoing que des hiftoires efcriptes plus de neuf cens ans depuis, & me feroit aifé de prouuer qu'alors les Papes ne fe mefloyent aucunement des affaires des Rois de France. Gregoire de Tours qui viuoit en ce mefme fiecle, recite force excés & violences des Rois contre les Euefques , notamment contre Pretextat Euefque de Roan, pour lefquelles l'Euefque de Rome ne s'ingere point a faire aucunes remonftrances. Ains voicy les paroles de Gregoire mefmes au Roy Chilperik. *Si quelqu'un de nous O Roy outrepaſſe le fentier de iuſtice tu le peux corriger. Mais fi toy mefme tranfgreſſes qui te reprendra ? Nous parlons a toy, mais tu efcoutes s'il te plaiſt. Que s'il ne te plaiſt qui eſt celuy qui te peut condamner finon celuy qui fe declare eſtre luy mefme la iuſtice ?* Cela n'empefcha point que le fufdit Euefque

uefque ne fuft rudement battu & relegué en ban-
niffement en l'ifle de Guernefay.   Mais ie ne veux
pas difputer les tiltres des Seigneurs d'Yuetot, les priuileges & tiltres defquels font marques certaines de
la vertu de leurs anceftres & de quelque grand feru-
uice·fait a la couronne de France, & non vne fatisfaction pour le peché.   Seulement ie dis que quand
mefmes cefte hiftoire feroit vraye, fi ne fait elle rien a
ce propos ou il s'agit de la puiffance de depofer les
Rois, & non de les excommunier.   Que fi le Roy
par crainte d'excommunication a ottroyé cés priuileges, que fait cela pour prouuer que le Pape luy pouuoit ofter la couronne? Et fans doubte c'eftoit vn
moyen de hauffer la dignité de la couronne de France,
& faire que le Roy deuint Roy des Rois,en donnant
la qualité de Roy a tous les Seigneurs & Gentilshommes de fon Royaume, comme c'eft vn point de
la grandeur du Roy d'Efpagne de faire des Grands.

Gregoire I.vient aprés,lequel en la dixiéfme Epiftre *Tag. 22.*
de l'onzieme liure confirmant les priuileges de l'hof-
pital d'Authun, defend aux Rois & Prelats d'en rien
diminuer, adiouftant ces mots. *Si quelqu'vn des Rois,*
Prelats, Iuges , ou autres perfonnes feculieres, eftans infor-
mez de cefte noftre conftitution , attente d'y contreuenir,
qu'il foit priué de fon pouuoir & de fa dignité.   Mais
Monfieur le Cardinal s'abufe prenant des impreca-
tions pour des arrefts : Le moindre du peuple pourroit parler en mefme façon & dire que celuy qui tou-
chera a la vie ou a la couronne de nos Rois, fuft il
Empereur, fuft il Pape,foit maudit, qu'il dechoye de

B 3   fon

son office, qu'il perde sa dignité, qu'il tombe en mendicité, en maladies, & en toute sorte de calamité. Ie laisse a dire, combien il est aisé a des moynes pour maintenir leurs priuileges de forger des tiltres a leur poste : Et de fait voila en ce mesme Gregoire, a la fin de ses Epistres vn tout semblable priuilege ottroyé a l'abbaye de S. Medard de Soissons, ou il a y vne semblable clause. Duquel priuilege la fausseté est manifeste, comme il appert par la datte, qui est de l'an de l'Incarnation du Seigneur 593. Indiction XI. Car l'an du Seigneur 593. estoit l'indiction X. & Gregoire n'auoit pas accoustumé de datter ses Epistres de l'an du Seigneur. Et les Euesques d'Alexandrie & de Carthage soubsignent ce priuilege, lesquels ie ne croy pas qu'ils sceussent qu'il y eust ou vne ville de Soissons, ou vne Abbaye de S. Medard. Encores sousignent ils parmi la foule des Euesques d'Italie. Ioint que quiconques aura sçeu auec quelle reuerence ce Gregoire parle des Empereurs, ne croira pas aisement qu'il se soit attribué la puissance de donner & oster les Royaumes. *Il s'appelle indigne seruiteur de l'Empereur, osant parler a luy combien qu'il se recognoisse n'estre que poudre & vn vermisseau. Il se dit estre suiet a ses commandemens, iusques a luy obeir en vne chose qu'il n'estimoit estre accordante auecques la Loy de Dieu : comme nous auons monstré plus amplement allieurs.

Monsieur le Cardinal adjouste, que Iustinian second offensé de ce que Sergius Pontife Romain, n'auoit n'auoit voulu fauorifer le Synode erronée de Conftantinople, le voulut faire empoigner par fon Conneftable Zacharie : mais que la milice Romaine (c'eft a dire les trouppes que l'Empereur auoit en Italie) repouffa ledict Zacharie auec opprobres. Il m'excufera fi ie ne puis comprendre ce quil veult dire par cet exemple, ou il n'eft nullement parlé de depofition de l'Empire, ni d'aucune fentence prononcée par le Pape.

Voila desja 712. ans pafsés depuis la naiffance de IESVS CHRIST ou Monfieur le Cardinal n'a encores peu rien trouuer qui auec la moindre apparence puiffe feruir a fon propos. Car l'exemple de l'Empereur Philippicus qu'il allegue en fuite eft de l'an 712. L'Hiftoire eft que Philippicus Bardanes Empereur eftoit contraire a la veneration des images, & les faifoit abattre. En ce temps là l'Empire Romain eftoit abattu en Occident, & fort esbranflé en Orient par les Sarrazins. Oultre cela l'Empereur auoit fur les bras vne guerre ciuile. La plufpart de l'Italie eftoit poffedée par les Lombards, de laquelle il ne reftoit rien a l'Empereur que l'Exarchat & la Duché de Rome, qui eftoit demy abandonnée par la foibleffe de l'Empereur. Le Pape Conftantin empoigna cefte occafion de s'agrandir & de fecouër le ioug de l'Empereur fon Seigneur : entreprenant la defenfe des images contre l'Empereur, lequel il fit declarer heretique par vn Concile, & defendre qu'en la ville de Rome on ne receuft fes lettres ni fa monnoye, & que fa ftatüe felon la couftume ne fuft pofée au temple.

ple. Le tumulte croiſſant, dont le Pape eſtoit promo-
teur, Iehan Exarque de Rauenne y fut tué. Icy on
void bien vne mutinerie d'un ſujet contre ſon Prince
pour luy arracher vne ville de ſon Empire, mais nulle
ſentence de depoſition de la dignité Imperiale. Encores le Pape ne vint point a bout de ſon deſſeing.
Car la ville de Rome ne laiſſa pas de demeurer en
l'obeiſſance de l'Empereur.

Quelques douze ans depuis Leon Iſaurique Empereur (que Monſieur du Perron appelle Iconoclaſte) ſe
mit a pourſuiure a outrance les adorateurs d'images.
La deſſus Gregoire II. Pape ſuiuant les erres de ſon pre-
deceſſeur, voyant Rome mal gardée, & l'Empereur
empeſché allieurs, la fit reuolter contre l'Empereur, ſi
bien qu'il s'en rendit luy meſme le Maiſtre, mais il y a
bien de la difference entre degrader vn Empereur de la
dignité Imperiale, & entre faire reuolter vne ville contre ſon Maiſtre pour s'en rendre Seigneur. Si le Pape
euſt tranſporté la proprieté de la ville de Rome a quelque autre en l'oſtant a l'Empereur, cet exemple auroit
quelque peu de couleur. Mais la prenant pour ſoy
meſme, & vſurpant le bien d'autruy, c'eſt vne mani-
feſte rebellion & ambition : Car ce n'eſt point vne
cenſure Eccleſiaſtique quand le Paſteur ſpirituel ar-
rache au pecheur ſon manteau, ou luy coupe ſa
bourſe, & s'accommode du bien d'autruy. Notés auſſy
que ces entrepriſes des Papes ont commencé quand
les Empereurs n'ont plus eu de force, & qu'ils ont
peu les offenſer ſans peril. Ce neantmoins l'Empereur
ſe rebequa, & ſon Lieutenant entra dans Rome, &
Gre-

Gregoire III. fuccefleur de ce II. appelle encores l'Empereur fon Seigneur, tefmoing deux Epiſtres dudit Gregoire troifiéme efcriptes a Boniface dont la foufcription eſt telle. *Data 10. Cal. Decembris Imperante Domino pijſſimo Auguſto Leone à Deo coronato, magno Imperatore, anno decimo Imperij eius.*

Auec pareil abus Monfieur le Cardinal allegue le Pape Zacharie, lequel il dit auoir abfous les François du ferment de fidelité qu'ils deuoyent a Childerik leur Roy, dont il ameine pour tefmoings Paul Aemile & du Tillet nouueaux autheurs : Mais les autheurs plus proches du fiecle de Childerik tefmoignent que les François le firent de leur propre volonté, ayans pris confeil de Zacharie, mais non demandé permiffion ni abfolution. Ado Euefque de Vienne en fon Chronique. *Les François* (dit il) *par le Confeil des Ambaſſadeurs & de Zacharie Pontife s'eſtabliſſent Pepin pour Roy* : Trithemius en l'abbregé des annales, *Childerik Roy des François eſt debouté du Royaume comme inutile a regner, du commun confentement des grands du Royaume, le Pape Romain Zacharie leur donnant confeil.* Godefroy de Viterbe en la partie 17. de fon Chronique & Guagin en la vie de Pepin difent le mefme, Et fut aisé de donner confeil a Pepin de prendre le Royaume lequel on ne pouuoit empefcher de le prendre, & qui l'auoit desja en effeĉt, encores qu'il n'en euft pas le nom. La rudeffe de la nation, qui alors n'auoit aucun fçauoir, ni aucunes efcholes en Theologie ni es fciences les obligeoit a chercher hors le Royaume du confeil, lequel ils demanderent en cefte affaire plus par forme

C

que

que par neceſſité. Et le Pape fut bien aiſe de s'obliger Pepin, pource qu'il auoit beſoing de ſon ſecours
contre les Lombards, & que l'Empereur de Conſtantinople ſon Seigneur eſtoit trop foible pour le
defendre. Que ſi Zacharie euſt eu plus d'egard a la
crainte de Dieu qu'a ſa commodité, il n'euſt iamais
conſeillé vn ſeruiteur de ſe reuolter contre ſon Maiſtre, ſous ombre qu'il auoit l'eſprit tardif. Les loix
donnent des curateurs aux furieux, mais ne
leur oſtent pas leur bien: Elles puniſſent les crimes
& non les maladies. C'eſt la couſtume du Royaume
de France quand l'eſprit du Roy eſt troublé d'eſtablir
vn Regent, qui porte le faix des affaires. Ainſi fut fait
a Charles V I. tombé en phreneſie, que le Pape ne de-
grada point pour cela. Et n'y a point de raiſon que les
enfans ſoyent punis pour la debilité de leur Pere, comme il a eſté fait a toute la race & famille de Childerik,
qui par ce moyen a eſté deboutée de la ſucceſſion du
Royaume. L'excuſe de Monſieur le Cardinal du
Perron eſt, que la cauſe de la depoſition de Childerik
touchoit la Religion par accident, acauſe que l'imbe-
cillité de Childerik mettoit la France en danger de perdre la Religion Chreſtienne par l'inuaſion des Sarrazins. Si ceſte raiſon eſt bonne, il falloit regarder ſi entre les plus proches ſucceſſeurs du Roy il n'y auoit
point quelqu'vn qui euſt plus de capacité. Il ne falloit
pas que la crainte d'vn mal par accident, cauſaſt vne de-
poſitió par effect. Pluſtoſt falloit ſe propoſer l'exemple
de Charles Martel pere de Pepin, lequel en vn danger
beaucoup plus eminent, les Sarrazins ayans deſia oc-
cupé

Pag. 25.

cupé vne grande partie de la France, leur refifta & les
deffit courageufement, gouuernant le Royaume fous
le tiltre de Maire du Palais, fans pour cela vfurper la
couronne Royale. Veu principalement que les Sarrazins eftoyent defia rompus, & n'eftoyent plus gueres
redoutables a la France. En Efcoffe Walles auoit en
main le gouuernement du Royaume, pendât que Bruis
iufte heritier de la couronne fon ennemi mortel eftoit
prifonnier en Angleterre. Il auoit vn plein pouuoir au
pays: & ce qu'il a ordonné, a encores auiourdhuy force
de Loy: & la haine que Bruis luy portoit fembloit le
deuoir inciter a s'emparer du Royaume. Mais il ne voulut iamais prendre autre tiltre que de Gouuerneur ou
adminiftrateur du Royaume, n'eftant inftruit en cefte
doctrine, qui donne a l'Eglife le pouuoir de donner &
& ofter les couronnes : Voicy donc au conte de Monfieur le Cardinal ou font reduits les Rois, c'eft que le
Pape enuoyera fes medecins pour recognoiftre fi le
Roy a la ceruelle bien thimbrée : que s'il y trouue
quelque debilité il tranfportera le Royaume a vn autre : & fera aifé de trouuer quelque raifon oblique qui
touche la religion. On dira qu'il y a dans le Royaume
des heretiques, & qu'il fault empefcher qu'ils ne croif-
fent. Ou s'il s'agit d'vn mariage, on dira que le mariage eft vn Sacrement, & par confequent qu'il y va de la
Religion. Par ce moyen fous ce mot de Religion on
fera venir non feulement les vices du Roy, mais auffi
fes maladies. Et Monfieur le Cardinal fe fera abufé
d'auoir reftreint la puiffance du Pape a depofer les
Rois au cas d'herefie & Apoftafie & perfecution de
l'Eglife.   C 2   5 Le

Pag. 26.

5 Le Pape Leon III. vient aprés qui abfolut par effect (fi on croit M. du Perron) de l'obeiffance des Empereurs Grecs tous leurs fujets Occidentaux, ayant couronné Charles Empereur. Cet exemple eft fauffement allegué, & contre la verité de l'hiftoire. Car il ne fe trouuera, ie ne dis pas vn pays, mais vn feul homme que le Pape ait alors fait changer de Maiftre, le faifant de fujet des Empereurs Grecs deuenir fujet de Charlemaigne. Qu'on me donne vne feule ville que Charlemaigne ait acquife quand il a pris le tiltre d'Empereur en Occident. Long temps auparauant les Empereurs Grecs auoyent perdu l'Empire d'Occident. Tellement que dire que le Pape Leon III. le leur auroit ofté, c'eft comme fi aujourdhuy le Pape oftoit aux Rois de France le Duché de Milan, ou aux Empereurs d'Alemagne la ville de Rome, pource que leurs predeceffeurs l'ont tenuë. Le Pape ofte en mefme façon qu'il donne. Car comme il a accouftumé de donner ce qu'il n'a point, ou mefmes de donner a quelqu'vn ce qu'il a defia : ainfi il ofte aux Empereurs & Rois ce qu'ils n'ont plus : oftant aux Empereurs l'Occident lors qu'ils n'y ont plus rien : Cela eft defpouiller vn homme nud, & ofter la vie a vn mort. Vray eft que le Pape mit fur la tefte de Charlemaigne la couronne Imperiale, mais ne luy donna pas l'Empire, comme quand vn Prelat couronne le Roy en fon facre, il ne luy donne pas pourtant le Royaume : Autrement l'Euefque d'Oftie euft donné au Pape le Papat, pource qu'a luy a long temps appartenu la charge de couronner le Pape. L'Empereur mefme auoit accouftumé de receuoir

uoir de la main de l'Archeuesque de Milan la couronne
de Roy d'Italie, sans toutefois receuoir de luy le
Royaume d'Italie. Que si Charlemaigne eust esté fait
Empereur par le Pape, le Pape ne l'eust pas adoré a
l'heure mesme de son couronnement : ce que nous a-
prenons d'Ado qui a vescu au mesme siecle, *Apres* (dit
il) *les louanges acheuées il fut adoré par le Pontife selon la
coustume des Princes anciens.* Ce qui est aussi remarqué
par Auentin au 4. liure de ses Annales de Bauiere.
& par le President Fauchet en ses antiquités, & par
Monsieur Petau Conseiller de la Court de Parlement de Paris, en la Preface qu'il a mise deuant
le Chronique d'Eusebe de Hierosme & de Sigebert.

C'a donc esté le peuple Romain qui a deferé a Char-
le-magne ce tiltre, comme enseigne Sigebert sur
l'annee 801. *Les Romains* (dit il) *tous d'un consentement,
crient a l'Empereur des louanges Imperiales, & le couron-
nent par les mains du Pape l'appellans Cæsar & Auguste.*
Marianus Scotus au 3. liure de ses Chroniques, *En ce
temps Charles fut appellé Auguste par les Romains.* Platine en la vie de Leon III. *Leon aprés le seruice solem-
nel declare Charles Empereur par l'ordonnance & priere du
peuple Romain.* Auentin & Sigonius au 4. liure du regne
d'Italie, disent le mesme. Toutefois pour gratifier Monsieur le Cardinal, posons le cas que le Pape Leon ait de-
possedé les Empereurs Grecs de l'Empire d'Occident,
ie demande pour quelle cause & pour quel crime ?
Car Irene & Nicephore qui tenoyent l'Empire Grec
du temps de Charlemagne, n'estoyent point estimés
heretiques par le Pape. Quoy donc ? Monsieur le

C 3

Cardi-

*Perfectis laudi-
bus, à Pontifice
more Princi-
pum antiquo-
rum adoratus
est.
Auentinus
Annal. Boio-
rum lib. 4. Post-
hæc ab eodem
Pontifice vt cæ-
teri veterum
Principum more
Maiorum ado-
ratus est Mag-
nus.*

*Auentinus
Ann. Baiorum
lib. 4. Imperium
transferre iure
suo in Germa-
nos Carolumq;
tacito Sena-
tus consulto
plebiscitoque
decernunt.*

Cardinal nous aduertit que leurs predeceſſeurs, Conſtantin & Leon, auoyent eſté heretiques & perſecuteurs. Voicy donc vne cauſe de depoſition d’vn Prince orthodoxe, aſcauoir l’hereſie, non pas de luy, mais d’vn autre qui eſt pieça mort. Choſe admirable. Car au contraire il ſemble qu’on le deuroit cherir au double pour auoir remis ſus la verité perſecutée par ſes deuanciers. Sans doubte le Pape Silueſtre deuoit depoſer Conſtantin le grand a cauſe de l’infidelité cruelle & du paganiſme de Diocletian, de Maximian & Maxentius auſquels il a ſuccedé.

Pag. 27. De là Monſieur du Perron paſſe a Foulques Archeueſque de Reims qui menace Charles le ſimple de l’excommunier & ne luy eſtre plus fidele. A quel propos cela ? car qui ne ſcait qu’il y a eu en tout temps des brouillons peu reſpectueux enuers leurs Rois, principalement quand ils ſont foibles & ſimples d’eſprit comme eſtoit ceſtuy cy ? En aprés ou eſt en cet exemple vn ſeul mot du Pape, & de depoſition de Rois ?

Pag. 28. Monſieur le Cardinal adjcuſte vn exemple de Philippes I. Roy de France lequel il tronque & deguiſe comme nous verrons cy aprés.

Anno 1076. En fin il nous meine a Gregoire VII. nommé Hildebrand, fleau des Empereurs, flambeau de guerres, l’opprobre de ſon ſiecle, lequel ayant fulminé contre l’Empereur Henry IV. ſentence d’excommunication & depoſition, & entrepris vne choſe ſans exemple, aprés auoir rempli l’Europe de ſang, ſuccomba ſous le faix, & mourut fugitif a Salerne accablé de triſteſſe.

triſteſſe. Ou eſtant prés de rendre l'eſprit, appella,
(comme recite Sigebert ſur l'anne 1085.) vn Cardinal
qu'il aimoit, *& confeſſa a S.Pierre & a toute l'Egliſe
auoir beaucoup manqué en ſa charge Paſtorale, qui luy eſtoit
commiſe, & qu'a la ſuaſion du diable il auoit eſmeu la haine
& l'ire de Dieu contre le genre humain. Lors il enuoya ſon
confeſſeur a l'Empereur & a toute l'Egliſe pour luy impe-
trer pardon, pource qu'il voyoit la fin de ſa vie approcher.*
Et Benno Cardinal qui viuoit du temps dudit Gregoire, & a eſcrit ſa vie, dit que ſi toſt *qu'il ſe leua de
de ſon ſiege pour excommunier Cæſar, que ſa chaire ſe fen-
dit en pluſieurs pieces d'vne façon terrible par la volonté
de Dieu, pour donner a entendre combien grands & terri-
blés ſchiſmes celuy qui y eſtoit aſſis ſemoit contre l'Egliſe
de Dieu, par vne ſi dangereuſe excommunication.* Nous
amener vn tel homme pour exemple, qui entreprenant ce que iamais perſonne n'auoit oſé entreprendre, a condamné tous ſes predeceſſeurs de laſcheté
ou d'ignorance, qu'eſtce autre choſe que de nous
enuoyer a l'eſchole de brigans, & vouloir amender
& reformer les anciennes vertus par des nouueaux
vices? Ce que recognoiſſant Otho de Friſinghen en
la vie de Henry IV. au 31.chap. du 4. liure dit. *Ie ne
trouue point qu'auant ceſtuy cy aucun Empereur ait eſté ex-
cõmunié par le Pontife Romain ou chaſſé de ſon Royaume.*
Que s'il eſt queſtion d'exemples, ie laiſſe a iuger au
lecteur quels exemples doiuent auoir plus de poids,
ou les nouueaux exemples de la depoſition des Rois
par les Papes, qui pour la pluſpart ont eſté ſans effect, ou les anciens exemples des Papes actuellement
depoſés

deposés & punis par les Empereurs & Rois.

Theodoret. lib.2
hist. cap. 16.

L'Empereur Conſtantius chaſſa Liberius Eueſque de Rome, & le relega a Beroé, & mit Felix en ſa place. Il eſtoit voirement Arien, & y procedoit auec injuſtice, mais il n'eſt pas blaſmé par les anciens de ce qu'il puniſſoit vn homme ſur lequel il n'auoit point de puiſſance, mais de ce qu'il eſtoit ennemy de la foy Orthodoxe, & perſecutoit les innocens.

Ammianus
lib. 27.

Du temps de Valentinian premier en l'an du Seigneur 367. Damaſe & Vrſicin competiteurs de l'Epiſcopat eſmeurent a Rome vne ſedition en laquelle furent tués cent trente ſept hommes. Pour obuier a tels inconueniens Honorius fit vne loy qui ſe trouue au Decret en la 79. diſtinction, dont les mots ſont. *S'il aduient que deux Eueſques ſoyent eſleus par la temerité des contendants, nous ne ſouffrirons point qu'aucun d'eux ſoit Eueſque.* Et ſuyuant ceſte Loy le meſme Honorius

Platina.
Sigebertus.

en l'an 420. chaſſa de Rome Boniface & Eulalius competiteurs, & peu apres y rappella Boniface.

Anaſtaſius
Platina.
Liber Pontiſicalis, Diaconus.

Theodoric Goth Roy d'Italie, enuoya Iehan Eueſque de Rome en Ambaſſade vers l'Empereur Iuſtinian, puis l'ayant rappelé le fit mourir en priſon. Le meſme Roy enuoya a Rome Pierre Eueſque d'Altine pour examiner le procés de Symmache Eueſque de Rome accuſé de pluſieurs crimes.

Le Roy Theodat enuiron l'an 337. enuoya le Pape Agapet en Ambaſſade vers Iuſtinian Empereur pour faire vn traitté de paix, lequel eſtant mort en ſon Ambaſſade Theodatus fait Siluerius Eueſque, lequel peu aprés fut chaſsé par Belizarius Lieutenant de l'Empereur,

reur, & enuoyé en banniſſement. Vigile luy ſucceda
qui acheta l'Epiſcopat de Beliſarius a purs deniers:
l'Empereur Iuſtinian le fit venir a Conſtantinople
ou il le receut auec honneur, mais peu aprés l'Empereur s'eſtant offenſé de ſa liberté en paroles, il fut
battu quaſi iuſques a la mort, & auec vne corde au
col trainé par la ville comme vn brigand, ainſi que
recite Platine. Choſes approchantes ſont recitées par
Nicephore au liure 26.chap.17.

En l'annee 654. l'Empereur Conſtant fit lier de
chaines le Pape Martin, & l'enuoya en banniſſement
a Cherſona ou il mourut. En ce temps les Papes eſcri-
uans aux Empereurs, parlent par treshumbles ſup-
plications, & diſent qu'ils plient leur genouil deuant
leur Maieſtè, & qu'ils executent auec obeiſſance
leurs commandemens. Ils payoyent vingt liures d'or
a l'Empereur pour leur Inueſtiture, comme on voit
par l'authentique de Iuſtinian 123.chap.3.lequel tribut l'Empereur Conſtantin le Barbu relaſcha au Pape
Agathon l'an 679. comme nous auons aillieurs remarqué.

La dignité & les richeſſes des Papes eſtants forts ac-
creuës par la liberalité immenſe de Charlemaigne &
de Louys ſon fils, neantmoins les Empereurs d'Occident ne laiſſerent de faire & deffaire les Papes ſelon
leur volonté. Le Pape Adrian I. ſe ſubmit volontiers
a cela, & par vn Concile fit paſſer ceſte Loy, que Charlemaigne auroit le droit & la puiſſance de choiſir le
Pape & de gouuerner le ſiege Romain, laquelle
conſtitution eſt inſerée au Decret Romain en la Di-

Platina.
Baronius.
Sigebertus.

D

ſtinc-

stinction 63. au Canon * *Hadrianus.* Et a esté ainsi long temps pratiqué. En l'an du Seigneur 963. l'Empereur Othon chassa du Papat Iehan XIII. & mit en sa place Leon VIII. De mesme façon furent par les Othons installés au Papat Iehan XIIII. Gregoire V. & Siluestre II. En l'an 1007. Henry II. deposa trois Papes, Benoist IX. Siluestre III. & Gregoire VI. que Platine appelle *tria teterrima monstra*, trois detestables monstres. Et ainsi s'est fait par plusieurs siecles, iusques a Gregoire VII. qui a troublé tout l'Occident de guerres funestes, depuis lesquelles l'Empire est touIiours allé en empirant, iusques a ce qu'il est venu a ce point que les Empereurs ont esté reduits a ceste sujettiõ de receuoir du Pape la couronne de l'Empire.

La France a esté traittée auec plus de douceur. Le premier Pape qui a voulu excommunier le Roy de France, a esté Gregoire IV. enuiron l'an du Seigneur 832. Ce Pape se meslant parmi les troubles du Royaume, se ligua auec les enfans de Louys le Debonnaire qui par vne meschante conspiration auoyent conjuré contre leur propre Pere, comme tesmoigne Sigebert sur l'année 832. en ces mots. *Le Pape Gregoire venant en France, tenoit contre l'Empereur pour ses fils.* Mais les annales escriptes en mesme temps,

& le continuateur d'Aimoin religieux de S. Benoist escriuent que la resolution des Euesques de France fut, qu'ils ne vouloyent aucunement ceder a sa volonté; & que s'il venoit pour excommunier qu'il s'en retourneroit excommunié. Les mots du Chronique de S. Denis sont tels. *De l'Apostoile redisoit len qu'il n'estoit*

pour

pour autre chose venu que pour excommeniér le Roy & les Euesques, s'ils estoyent de rien contraires & inobediens a luy. Mais quand les Prelats oyrent ce, ils respondirent que ia ou cas ne luy obeiroyent pour eux excommenier : car l'authorité des anciens Canons sentoit tout autrement.

Depuis le Pape Nicolas I. excommunia le Roy Lothaire, (car alors on ne parloit point de deposer) pour le contraindre de quitter Waldrade & reprendre Thetberge. Sur quoy les articles dressés par les François, & qui se peuuent voir en Hincmar Archeuesque de Reims portent : que les sages tiennent que comme le Roy ne doibt estre excommunié par ses Euesques quelque chose qu'il face, aussi ne peult il estre iugé par les autres Euesques : pource que celuy la doibt estre sujet a l'Empire de Dieu seul, qui seul l'a peu establir en son Royaume. Lors aussi le Clergé de son Royaume escriuit au Pape des lettres pleines de mespris & iniures rapportées par Auentin en ses annales de Bauiere, iusques a l'appeller larron, loup, & tyran.

Auent. Annal. Boiorum lib. 4.

Et quand le Pape Hadrian s'ingera de commander a Charles le Chauue sur peine d'interdit de laisser l'entiere ioüissance du Royaume de Lothaire a son fils Louys, le mesme Hincmar homme en son temps de grande authorité luy escriuit des lettres contenantes plusieurs remonstrances sur ce sujet : Entre autres choses il dit : *Que les Ecclesiastiques & seculiers du Royaume assemblés a Reims, ont dit & disent par reproche, que iamais tel mandement n'auoit esté enuoyé de ce siege la a aucun de nos predecesseurs.* Et peu apres : *Que iamais les Pontifes du siege Apostolique, ne les autres Euesques de grande auctorité*

auctorité & saincteté, ne se sont soustraits de la presence, reue-
rence, & allocution des Empereurs & Rois Heretiques ou
scismatiques & tyrans, tels qu'ont esté Constantius Arian,
& Iulian l'Apostat, & Maximus le tyran. Et peu apres :
Pourtant si Monsieur l'Apostolique veut chercher la paix,
qu'il cherche la paix en sorte qu'il n'esmeuue point de querelle.
Car nous ne croirons point de ne pouuoir autrement paruenir
au Royaume de Dieu, si nous ne receuons pour Roy terrien celuy
qu'il nous recommande. Adjouste, que lesdits Euesques
& Seigneurs seculiers vsent contre le Pape de menaces
qu'il n'ose proferer. Quant au Roy voicy combien il
faisoit cas des mandemens du Pape. Car parmi les Epistres dudit Hincmar se trouuent des lettres dudit
Charles le Chauue au Pape Adrian, ou aprés l'auoir ac-
cusé d'orgueil, & d'vsurpation, il adjouste, *Quel*
enfer a vomi ceste loy a rebours, quel gouffre infernal la de-
gorgé de ses cauernes cachées & tenebreuses ? tout au contraire
du chemin qui nous est monstré par la Saincte Escriture ? &c.
Luy defend de plus enuoyer tels mandemens a luy ny
a ses Euesques, s'il ne veult receuoir du mespris & du
deshonneur.

Sous le regne de Hugues Capet, & de son fils fut par
l'authorité du Roy tenu vn Concile a Reims, qui est
entre les mains de tous, ou Arnulphe Euesque d'Orleans, parlant pour tout le Concile appelle le Pape Antechrist, & le descrit comme vn monstre, & ce tant
pour les vices du siege qui alors estoyent au comble,
qu'acause qu'estant gaigné par presens, notamment
par quelques beaux cheuaux qui luy auoyent esté enuoyez il maintenoit contre le Roy Arnulphe Archeuesque

uefque de Reims depoffedé de fa charge.

Quand Philippes I. laiffa fa femme Berthe fille du Conte de Hollande & prit en fon lieu Bertrade femme de Fouques Conte d'Anjou encores viuant, le Pape Vrbain (bien qu'il euft vn Antipape) l'excommunia & mit fon Royaume en interdit, comme recite M. le Cardinal : mais il omet deux chofes qui font principales en cefte hiftoire, l'vne que Philippes ne fut point depofé par le Pape, dont s'enfuit que ce paffage ne fait rien pour la puiffance des Papes a depofer les Rois. L'autre que les cenfures Papales n'empefcherent point que le Roy ne fuft obei & recogneu Roy comme auparauant : & que Iues de Chartres tenant pour le Pape Vrbain en fut puni & defpouillé de fes biens & tenu en captiuité, dont il fe plaint es Epiftres 19. & 20. Me femble auffi que M. le Cardinal ne deuroit iamais parler de l'interdit d'vn Royaume, pour l'honneur de fon Maiftre. Car quand le Pape pour chaftier le Roy met le Royaume en interdit il fait porter au peuple la peine de la faute du Roy. Car durant l'interdit les Eglifes font fermées par tout le Royaume, & le feruice public furfis, les cloches fe taifent par tout, les Sacremens ne font adminiftrés au peuple, les corps de ceux qui meurent font laiffés a l'abandon, fans les ofer enterrer en terre Saincte. Qui plus eft on tient que celuy qui meurt fous l'interdit, s'il n'a quelque priuilege fpecial eft damné eternellement, comme mourant hors de la communion de l'Eglife. Que fi l'interdit dure plufieurs ans, combien de pauures ames damnées pour la faute d'autruy ! Car que peut mais vn pauure peuple

De Interdicto vide Toletum de Inftructione facerdotum, cap. 53. & Synod. Lingon apud Bochellum lib. 2. Tit. 15.

D 3

de

de ce que ſon Roy repudie ſa femme & s'adioint a vne autre?

Apres Philippes I. Monſieur le Cardinal produit Philippes Auguſte, qui ayant renuoyé ſa femme Engeberge fille du Roy de Dannemark eſpouſa Agnés fille du Duc de Morauie, dont le Pape Innocent III. mit le Roy & le Royaume en interdit. Mais il n'auoit garde d'adjouſter ce qui eſt rapporté par le Chronique de S. Denis, aſçauoir que deux Legats furent enuoyez par le Pape Celeſtin III. pour ce ſujet *leſquels s'eſtans trouués en l'aſſemblée & Conſeil general, de tous les Prelats du Royaume de France, furent faits comme vn chien qui ne peut abbayer, ſi que ne menerent la beſongne a perfection, pource qu'ils auoyent peur de leurs peaux. Comme auſſi eut quelque temps depuis le Cardinal de Capouë qui n'oſa mettre le Royaume en interdit qu'aprés qu'il en fut ſorti. Dont le Roy irrité bouta hors de leurs ſieges les Prelats qui s'y eſtoyent conſenti, tollit leurs biens, &c.* Ce qui eſt conforme a ce que recite Matthieu Paris, qui dit, qu'apres que le Pape eut par le Cardinal d'Anagnia denoncé a ſa Majeſté qu'il mettroit ſa terre en interdit, s'il ne ſe reconcilioit auec le Roy d'Angleterre, que le Roy reſpondit qu'il ne craignoit aucunement ſa ſentence puis qu'elle n'eſtoit fondée en aucune equité, adjouſtant qu'il n'appartenoit point a l'Egliſe Romaine de vouloir prononcer ſentence contre le Roy de France. Ce que Maiſtre Iehan Du Tillet Greffier en Parlement dit auoir eſté fait par le conſeil des Barons de France.

L'ex-

L'exemple de Philippe le Bel est fort exprés. En l'anne 1302. le Pape enuoya en France l'Archeuesque de Narbonne faire commandement au Roy de lascher l'Euesque de Pamiers prisonnier pour auoir dit du Roy paroles diffamatoires, & desja ce Pape vouloit du mal a Philippe de ce qu'il s'attribuoit la collation des benefices. Sur laquelle le Pape escriuit au Roy lettres de ceste teneur. *Crain Dieu & garde ses commandemens : Nous voulons que tu sçaches que tu nous es suiet es choses spirituelles & temporelles : Que nulle collation des benefices & prebendes ne t'appartient, que si tu as la garde de quelques vnes qui vacquent, que tu en reserues les fruicts aux successeurs. Que si tu en as octroyé, nous ordonnons que telles collations soyent nulles, & autant qu'elles sont executées de fait nous les reuocquons. Ceux qui croyent autrement nous les reputons heretiques.* Vn Legat vint a Paris portant ces belles lettres, qui lui furent arrachees par les gens du Roy, & iettées dans le feu par le Conte d'Arthois. La response de Philippe au Pape fut telle. *Philippe par la grace de Dieu Roy des François, a Boniface soy disant Souuerain Pontife, desire vn peu de salut ou plustost point du tout. Que ta tresgrande sottise scache qu'es choses temporelles nous ne sommes sujets a personne : que la collation des Eglises & prebendes nous appartient par droit de Royauté, & de nous en approprier les fruicts pendant qu'jcelles vacquent. Que les collations faites par nous & a faire seront valides, & qu'en vertu d'icelles nous defendrons courageusement les possesseurs. Ceux qui croyent autrement nous les tenons pour fats & insensés.* Le Pape irrité excommunie le Roy,

Roy, mais nul n'ofa publier cefte excommunication
ni s'en rendre le porteur.   Ce neantmoins le Roy
affembla a Paris fes cheualiers, & Barons, & Prelats, leur demanda de qui ils tenoyent leurs fiefs &
leur temporel Ecclefiaftique. Eux refpondent qu'ils
le tiennent du Roy & non du Pape, lequel ils accu-
fent d'herefie, d'homicide, & autres crimes. Cependant le Pape tafchoit d'inciter l'Alemagne & les pays
bas contre la France. Mais le Roy enuoya en Italie
Guillaume de Nogaret, lequel aidé du Confeil de
Sciarra Colonois prit le Pape a Anagnie, & l'ayant
monté fur vne haridelle, le fit mener captif a Rome,
ou il mourut de cholere & d'angoiffe. Et de tout
cela le Roy eut incontinent des fucceffeurs de Boniface des belles bulles aboliffantes la memoire de tout
ce fait. Comme on voit en l'Extrauagante *Meruit*
de Clement V. ou ce Roy eft loué comme Prince
pieux & religieux, & fon Royaume remis au premier eftat. Les gentilshommes François eftoyent
alors d'vn autre courage que ceux qui affiftoyent
M. le Cardinal en fa harangue, & les Prelats autrement affectionnés enuers leur Roy, que ledit S. Cardinal : lequel n'a fceu trouuer autre moyen d'eluder
cet exemple, qu'en difant que le fujet de la contro-
uerfe n'eftoit pas matiere d'herefie & d'apoftafie. En
quoy non feulement il condamne le Pape comme
n'ayant eu iufte caufe de proceder contre Philippe,
mais auffi dement le Pape mefme, qui en fes lettres
cy deffus reprefenteés accufe Philippe d'herefie. Item
il dit que la queftion eftoit que le Pape pretendoit
que

que la Souueraineté temporelle de France luy appartenoit, c'eſt a dire que le Pape ſe qualifioit Roy de
France, ce qui ne ſe trouuera point. Tout ce qu'il
pretendoit eſtoit la collation des benefices, & d'eſtre
par deſſus le Roy es choſes temporelles. Ce que le Pape
pretend encore, en s'attribuant la puiſſance de depoſer
le Roy. Que ſi le Cardinal veult dire que les François
tenoyent Boniface VIII. pour vn vſurpateur, & non
comme vn Pape legitime, eſtant entré au Papat par
fraude & ſimonie, il doibt nous dire qui eſtoit alors
Pape, puis que Boniface ne l'eſtoit pas. Que ſi celuy qui
entre au Papat par ſimonie, par brigues & preſens,
n'eſt pas Pape legitime, a peine trouuerés vous es
trois ſiecles derniers deux Papes legitimes.

En l'an 1408. le Pape Benoiſt irrité de ce que
Charles VI. empeſchoit les exactions & pilleries de la
court Papale qui eſpuiſoyent la France, enuoya en
France vne bulle d'excommunication contre le Roy
& ſes Princes. L'Vniuerſité de Paris requit que leſdites bulles fuſſent lacerées. Et que le Pape Benoiſt
qu'ils appelloyent Pierre de Luna fuſt declaré heretique & ſciſmatique & perturbateur de la paix. Si
furent lacerées leſdites bulles par arreſt de la Court
du 10. de Iuin 1408. Et dix iours apres la Court s'eſtant
leuée a onze heures du matin, deux bulliſtes porteurs
de ceſte excómunication firent amende honnorable
ſur les degrés du palais, & puis furent remenés au
Louure en la meſme façon qu'ils auoyent eſté amenés, eſtans trainez en deux tombereaux, veſtus de
tuniques de toile peinte, ayans des mitres de papier

Voyés le traitté de Charles du Moulin, contra paruas Datas. *ou il rapporte vn bel arreſt de la cour, ſous Charles VI.*

Theodorik a Niem, in Nemore vnionis, Tract 6. Et ſomnium Viridarij.

E

en

en teſte, auec ſon de trompette, & risée publique.
Tant on faiſoit peu de cas des foudres Papales : Et
qu'euſt on fait ſi lesdites bulles euſſent porté ſentence de depoſition contré le Roy ?

Voyes Nicole Gilles.

En l'an. 1510. l'Egliſe Gallicane aſſemblée a Tours,
fut arreſté que Louys XII. pouuoit en bonne conſcience meſpriſer les bulles abuſiues & cenſures injuſtes du Pape Iules II. & s'oppoſer par armes a ſes
vſurpations, quoy que le Pape vint a l'excommunier
ou depoſer. Qui plus eſt par vn Concile tenu a Piſe
il le declara deſcheu du Papat, & fit battre des eſcus
auec ceſte inſcription autour, PERDAM NO-
MEN BABYLONIS. Monſieur du Perron dit
pour réponſe que lesFrançois firent cela pource qu'ils
recognoiſſoyent que la premiere origine de ceſte diſ-
corde venoit de paſſion d'eſtat & non de Religion,
condamnant le Pape Iules pour auoir laſché ſes cenſures pour ſeruir a ſon ambition & non a la religion: &
nous enſeignant tacitement que quand le Pape voudra
depoſer le Roy de France, les François doiuent juger ſi
les cauſes en ſont iuſtes, & s'ils les trouuent injuſtes
peuuent annuller ſes iugemens & eluder ſes foudres.

En ceſte meſme depoſition fut enueloppé Iehan
D'Albret Roy de Nauarre, duquel le Royaume fut
donné par le Pape ſuſdit a Ferdinand Roy d'Arragon.
Que ſi les François euſſent eſté auſſi peu affectionnez a
leur Roy que les Nauarrois, la France euſt changé de
main, par vne ſentence Papale que Monſieur le Cardinal recognoiſt iniuſte. Laquelle ſentence contre
Iehan d'Albret pour faire trouuer moins inique, il dit
qu'elle

qu'elle ne fut pas la principale cause, encores que Ferdinand ait pris ce pretexte, mais que la principale cause fut pource que Iehan d'Albret auoit quitté son alliance faite a condition que si les Rois de Nauarre la violoyent la Nauarre retourneroit aux Hespagnols. Ceste condition qui ne fut iamais faite entre Rois, & est du tout improbable, ne sert a autre chose en la bouche du Cardinal qu'a persuader a son Roy qu'il n'a plus de droit en la Nauarre ni aucune iuste pretention : & qu'il est iniuste possesseur de ce qu'il possede encores du Royaume de Nauarre. Il se rend donc aduocat du Roy d'Hespagne contre son Roy, qui doibt a ce conte oster le tiltre de Roy de Nauarre d'entre ses tiltres, & recognoistre que tous les efforts de ses predecesseurs pour recouurer la Nauarre ont esté iniustes. Est il possible que ceste licence soit soufferte en France? En vne si celebre assemblée telles choses se disent elles impunément, sans qu'aucun s'y oppose de la part du Roy? Encores seroitce quelque petite excuse si cecy seruoit a son propos : Car que sert tout cela a la question presente, ou il s'agit de l'vsurpation des Papes en la deposition des Rois, & de la fermeté des François a resister a ceste tyrannie? lesquelles deux choses ne sont pas moindres encores que Ferdinand ait allegué ceste raison pour se iustifier. Car c'est assés que le Pape Iule a osté le Royaume a l'vn & l'a donné a l'autre. Et que les François se sont opposés la dessus au Pape, & l'ont declaré décheu du Papat.

De ceste mesme vigueur des François a defendre la dignité de la couronne de leurs Rois sont nées ces

cou-

Pag. 26.

couſtumes qui ſe ſont obſeruées depuis pluſieurs ſiecles, qu'vn Legat du Pape n'eſt point receu en France
ni aucun reſcrit ni mandement du Pape, ſans congé du
Roy, & ſans que le Legat communique ſes facultés au
Procureur general du Roy, & qu'elles ſoyent veuës &
verifiées en la Court de Parlement, qui les modifie &
reſtreint aux choſes qui ne derogent point aux droits
du Roy, libertez de l'Egliſe, & ordonnances Royaux:
Contre laquelle ancienne forme le Cardinal Baluë
eſtant entré en France en l'an 1484. & y faiſant actes

Bouchel.

de Legat ſans permiſſion du Roy, la Court ſur la Re-
queſte du Procureur general decerna commiſſion
pour eſtre informé contre luy par deux Conſeillers
d'icelle, & luy fit inhibition & defenſe de plus vſer
d'aucune faculté & puiſſance de Legat du Pape ſur
peine d'eſtre declaré rebelle.

L'an 1561. le vendredy 12. de Decembre Maiſtre
Iehan Tanquerel Bachelier en Theologie fut condamné par arreſt de la Court a recognoiſtre publiquement que indiſcretement & temerairement il auoit
tenu ceſte propoſition, *Que le Pape eſt Vicaire de Chriſt,
Monarque, ayant puiſſance ſpirituelle & ſeculiere, & qu'il
peut priuer de leurs dignitez les Princes rebelles a ſes commandemens.* Si fut contraint ledit Tanquerel de faire
la dite recognoiſſance, quoy qu'il proteſtaſt auoir propoſé cela *doctrinaliter tantùm, & non iuridicè.* M. le Cardinal reſpond que ceſte hiſtoire n'eſt a propos pource
que la propoſition de Tanquerel ne parle point d'hereſie ni d'infidelité, & moy ie dis qu'elle en parle, puis
qu'elle parle de la deſobeiſſance au Pape. Car ie croy

qu'il

qu'il ne niera pas que celuy qui contre les aduertiſſe-
mens du Pape perſeuere en hereſie, eſt deſobeiſſant
au Pape. Ioint que les exemples precedens nous monſtrent aſſés que le Pape ne ſouffrira iamais que ſa
puiſſance a degrader les Rois ſoit reſtreinte au cas
d'hereſie & infidelité.

Durant les dernieres guerres de la ligue en l'an 1591
furent enuoyées de Rome bulles monitoriales du Pape
Gregoire XIV. par leſquelles le Roy Henry IV. eſtoit
declaré incapable de la couronne de France comme
heretique & relaps & ſon Royaume expoſé en proye.
Sur cela, la Court de Parlement aſſemblée a Tours
le 5. d'Aouſt, furent lacerées & bruſlées par la main
du bourreau leſdites bulles monitoriales, & arreſt
donné, dont voicy la teneur. *La Court ayant égard aux
concluſions du Procureur general du Roy a declaré & declare les bulles monitoriales données a Rome le premier de
Mars 1591. nulles, abuſiues, ſeditieuſes, damnables, pleines
d'impieté & impoſtures, contraires aux ſainĉts decrets, droits,
franchiſes, & libertés de l'Egliſe Gallicane. Ordonne que
les copies ſeellées du ſeau de Marſilius Landrianus, ſouſ-
ſignees Septilius Lamprius, ſeront lacerées par l'executeur
de la haute iuſtice & bruſlées en un feu qui pour cet effeĉt
ſera allumé deuant la grande porte du Palais, &c.* En ce
temps la Monſieur du Perron eſtoit de ce bon party,
& ſuiuoit ſon Roy contre le Pape, nonobſtant l'hereſie pretenduë.

Tous ces exemples ſont depuis les eſcholes de Theologie eſtablies en France, afin de nous limiter dans le
terme que M. le Cardinal nous preſcrit, lequel n'y va

E 3

pas

Pag. 47.

pas rondement ni de bonne foy, quand il dit que contre la puiſſance du Pape a depoſer les Rois on obiecte trois inſtances, Aſçauoir l'exemple de Philippe le Bel, celuy de Louys XII. & celuy de Tanquerel. Car tant d'autres exemples que nous auons produits ne ſont pas moins exprés : leſquels il a ſupprimés de peur de nuire a ſa cauſe.

Meſme au plus fort de la ſeruitude, la France a touſiours eu quelques Theologiens qui ont condamné ceſte puiſſance que le Pape vſurpoit ſur le temporel des Rois, & ſur leurs couronnes.

Le Pape Paſchal II. auoit commandé a Robert Conte de Flandres de perſecuter le Clergé de Liege qui tenoit pour l'Empereur Henry IV. depoſé par le Pape, & luy faire comme il auoit deſia fait au Clergé de Cambray, que ledit Conte auoit pillé & maſſacré, luy promettant & a ſes ſoldats qui feroyent l'execution, la remiſſion de leurs pechés. Mais le Clergé de Liege luy fait vne longue reſponſe, ou il ſe plaint que l'Egliſe Romaine eſt Babylone, dit que Dieu a commandé de rendre a Ceſar ce qui appartient a Ceſar. Que toute ame ſoit ſuiette aux puiſſances ſuperieures : Que nul n'eſt exempt de ce commandement. Qu'il fault garder le ſermét de fidelité, ce que ceux meſmes ne peuuent ignorer qui diuiſans le royaume, & le ſacerdoce par vn nouueau ſciſme, & par des traditions nouuelles, comme il plaiſt a quelques vns, promettent d'abſoudre du crime de perjure ceux qui ſont perjures au Roy. Et pource que le Pape par opprobre les auoit excommuniés, ils diſent que le *cœur de Dauid a deſgorgé vn bon propos, mais que*

le

le cœur de *Pafchal* a vomy une vilaine injure, comme font les vieilles & les tifferandes : reiettent cefte excommunication comme indifcretement prononcée. Ainfi parloyent ces Clercs tant que leur Empereur viuoit, mais apres que la rebellion de fon fils incité par le Pape l'euft depoffedé de l'empire, & mené a vne mort miferable, il ne faut s'eftonner fi pour fauuer leur vie ils ont efté contraints de demander pardon.

Hildebert du Mans qui viuoit fous Philippes premier en l'epiftre 75. & 40. fouftient que le Roy deuoit eftre admonefté & exhorté & non chaftié, qu'il falloit y proceder par enfeignement, & non par commandement, que ce glaiue n'appartient a l'Eglife laquelle n'a autre glaiue que la difcipline Ecclefiaftique. *Bibliot. Patrum Tomo. 3.*

Bernard efcriuant au Pape Eugene, *Ceux qui difent cela, ne monftreront point qu'aucun des Apoftres fe foit iamais affis en qualité de Iuge ou diftributeur de terres, Ie trouue bien qu'ils fe font tenus debout pour eftre iugés mais non pour iuger.* Item. *Voftre puiffance eft fur les crimes & non fur les poffeffions : c'eft pour ceux la & non pour celles cy que vous aués receu le Royaume des cieux, pour en exclure les preuaricateurs & non les poffeffeurs :* Et peu aprés: *Ces chofes baffes & terriennes ont pour iuges les Rois & Princes de la terre, pourquoy eniambés vous fur les limites d'autruy? pourquoy iettés vous voftre faucille en la moiffon d'autruy?* Et aillieurs. *Il eft totalement defendu aux Apoftres d'eftre Seigneurs. Va donc, & t'vfurpe l'Apoftolat en dominant, ou eftant Apoftolique vfurpe la domination. L'vn & l'autre t'eft defendu. Si tu veux auoir tous* *De confid. lib. 1. cap. 6.* *Lib. 2. cap. 6.*

les

les deux, tu perdras tous les deux.

Iohannes Maior Docteur de Paris. *Le Souuerain Pontife n'a point de domination temporelle sur les Rois. Preuue : car l'opposite estant accordé il s'ensuyuroit que les Rois sont ses vassaux.* Ie laisse a iuger si celuy qui peut depossder les Rois de tout ce qu'ils ont de temporel, n'a point de domination sur le temporel.

Luy mesmes. *Le Pape n'a aucun tiltre sur les Rois de France ou d'Espagne es choses temporelles.* Adiouste que le Pape Innocent III. dit que le Roy de France ne recognoist aucun superieur es choses temporelles, s'excusant enuers vn Seigneur de Montpellier qui luy demandoit vne dispense pour son bastard au lieu de s'adresser au Roy. *Mais (dit il) peut estre que tu me diras auec la glose, qu'il ne recognoist aucun superieur de fait mais non pas de droit, Mais ie te prouue que c'est vne glose d'Orleans qui gaste le texte.* Et entre autres raisons allegue celle cy, que ceste opinion donne aux Papes matiere de rauir l'Empire d'autruy, dont ils ne viendront iamais a bout, comme nous lisons de Boniface VIII. contre Philippe le Bel. Dit que de la viennent des guerres, durant lequelles plusieurs maux se commettent, dont aussi Gerson appelle flatteurs ceux qui soustiennent ceste opinion. Là mesme il nie que Zacharie ait deposé Childeric. *Il ne fault pas (dit il) prendre ce mot* IL DEPOSA *au sens auquel on le prend de premier abord, mais la glose l'expose ainsi,* IL DEPOSA, *(c'est adire) il consentit auec ceux qui le deposoyent.*

Iehan de Paris. *Posé que Christ ait eu la puissance temporelle, toutefois il ne l'a point commise a Pierre.* Et peu aprés, *La puissance Royale est la plus grande es choses temporelles,*

porelles, n'ayant point par dessus soy aucun superieur : comme le Pape n'en a point es choses spirituelles. Il dit voirement que le Pape peut excommunier le Roy, mais non qu'il le puisse deposer, seulement il dit que la deposition pourroit s'en ensuiure par accident, pource que par là le peuple est incité a le deposer de sa dignité seculiere. Mais aussi le mesme *Iehan de Paris tient *que l'Empe- reur peut deposer le Pape s'il abuse de sa puissance.*

** Almain de potestate Ec- clef. & laica. quest. 2. cap. 8.*

Almain Docteur de Sorbonne. *Il est de la nature de la puissance laïque de punir de peine ciuile, comme de mort, de bannissement, de priuation de biens, mais la puissance Eccle- siastique ne peut d'institution diuine punir d'aucune telle pu- nition, mesme ne peut pas emprisonner, comme il plaist a quelques docteurs, mais s'estend a la seule peine spirituelle comme est l'excommunication, les autres sont de droit pure- ment positif.* Si la puissance Ecclesiastique n'a point de droit diuin la puissance de priuer aucun de ses biens, comment estce que le Pape & ses flatteurs osent fon- der sur la parole de Dieu la puissance de priuer les Rois de leurs Royaumes?

De dominio naturali, ciuili & Ecclesiasti- co. § vltima pars.

Luy mesme en vn autre lieu. *Posé que Constantin eust eu la puissance de donner au Pape l'Empire, si estce que de cela on ne peut inferer que le Pape ait authorité sur le Royaume de France, pource qu'il n'estoit sujet a Constantin, Car le Roy de France n'a iamais eu aucun superieur es choses temporelles.* Et peu apres : *Il ne se trouue en aucun endroit que Dieu ait donné au Pape la puissance d'instituer & desti- tuer les Rois temporels.*

Quæst. 1. De potestate Ec- clesiastica, & laica, cap. 12.

Cap. 13.

Aillieurs il souftient que Zacharie n'a point de- posé Childerik, mais a seulement consenti qu'on le

Quæst. 2. c. 3.

F

peust

peuſt depoſer, *et ſic non depoſuit auctoritatiué.* Et au meſme liure parlant aprés Okam qu'il appelle le docteur: *L'Empereur eſt Seigneur du Pape es choſes temporelles, & le Pape l'appelle ſon Seigneur comme porte le texte, 11. q. can. Sacerdotibus.* Ces paroles & pluſieurs ſemblables du docteur Almain ont eſté diſſimulées & teuës par M. le Cardinal : qui s'eſt contenté de produire Almain citant Okam, au lieu de l'alleguer és paſſages eſquels il parle de ſoy meſme, & ſelon ſon opinion : Qui eſt vn trait de ſouppleſſe fort notable : Car il n'y aura hereſie que ie ne puiſſe attribuer a S. Auguſtin ou a S. Hieroſme ſi ie tiens qu'ils approuuent toutes les ſentences qu'ils alleguent d'autruy.

C'eſt pourquoy il n'allegue pas les paſſages entiers, ains rognés & eſcourtés : Il fait cela des le premier paſſage, lequel il tronque, taiſant les mots qu'Almain adjouſte pour y contredire, Car Almain adiouſte, *combien que les autres docteurs le nient, & enſeignent que le Pape a ſeulement la puiſſance de declarer que le Prince doibt eſtre depoſé. Ce qui appert par ce que cela donneroit occaſion au Pape acauſe de ceſte puiſſance de s'eſleuer en vn grand orgueil, & ceſte plenitude de puiſſance ſeroit fort dommageable aux ſujets, &c.*

Quæſt. 2. De poteſtate Eccleſiaſtica & laica cap. 12.

Par le meſme Almain eſt rapportée l'opinion d'Okam en termes qui decident la queſtion, & ou il la joint auec la ſienne : *L'opinion* (dit il) *du Docteur eſt ſimplement plus probable, que ni par excommunication ni par aucun autre moyen, le Pape ne peut depoſer vn Prince de ſa dignité Imperiale & Royale.* Et peu auparauant apres auoir ſouſtenu que le Pape n'a point tranſporté l'Empire

pire des Grecs aux Alemans, & que le Pape couronnant l'Empereur ne luy confere point l'Empire, non plus que l'Archeuefque de Reims couronnant le Roy de France ne luy donne point le Royaume, il conclud ainfi felon l'opinion d'Okam, *Ie nie que l'Empereur foit tenu de prefter ferment de fidelité au Pape, ains au contraire le Pape tenant des poffeffions eft obligé a prefter ferment de fidelité a l'Empereur acaufe de fes poffefsions, & a luy payer tribut.* Le mefme Okam rapporté par Almain fouftient que le Pape recognoiffoit Iuftinian pour fon fuperieur es chofes temporelles, puis que Iuftinian a fait des loix que le Pape eft obligé de garder, notamment la loy de la prefcription de cent ans qui court contre le Pontife Romain. Et afin qu'on voye clairement combien l'opinion d'Okam eft efloignée de celle de Monfieur le Cardinal, lequel fur la fin de fa harangue exhorte fes auditeurs a ne diffentir point d'auec le Pape, voicy les paroles d'Okam rapportées par Almain. *Le Docteur Okam fould les argumens du Pape Innocent par lefquels il tafchoit de prouuer par les paroles de Chrift, Tout ce que tu lieras, &c. que la plenitude de puiffance es chofes temporelles conuient au fouuerain Pontife. Car Innocent dit que ce mot* TOVT CE QVE, *n'excepte rien. Mais Okam fould l'authorité d'Innocent, difant que non feulement elle eft fauffe mais aufsi heretique : & qu'Innocent dit plufieurs chofes qui fentent l'herefie, &c.*

Lib. de poteftate Ecclef. & laica. Queft. 1. cap. 14.

Auec encore moins de fidelité Monfieur le Cardinal nous allegue deux paffages de la fomme de Thomas. Le premier eft en la feconde partie de fa feconde : Queftion 10. Art. 10. au corps de l'article, lequel quiconques

Pag. 40.

F 2

conques confiderera de prés , trouuera que Thomas
ne parle point de la fujettion des fujets fideles fous des
Rois infideles , comme pretend le Cardinal, mais des
feruiteurs fideles fous vn maiftre Iuif ou infidele :
comme quand vn Iuif a des feruiteurs Chreftiens, ou
quand il y auoit des fideles entre les domeftiques de
Cefar, lefquels il confidere non comme fujets de l'Empire, mais comme feruiteurs domeftiques. L'autre
paffage eft pris de la queftion 11. art. 2. au corps de l'article, ou il ne fe trouue rien de ce qu'il allegue.

Il ameine Gerfon auec femblable fidelité, lequel
voirement au liure de la puiffance Ecclefiaftique en la
confideration 12. dit, *Que quand l'abus de la puiffance fe-*
culiere redonde en vne manifefte impugnation de la Foy , &
blafpheme du Createur, alors il faut fe fouuenir de la derniere
particule de cefte doufieme confideration , afcauoir qu'en ce
cas là, la puiffance Ecclefiaftique a quelque domination regi-
tiue, directiue, regulatiue, & ordinatiue : ce font fes mots :
qui ne parlent point de depofition de Rois, ni de puiffance coercitiue, car ce gouuernement & reiglement
dont il parle s'exerce par cenfures Ecclefiaftiques &
excommunications, & non par priuation de biens,
Royaumes ou Empires : ce paffage donc eft tiré a con-
trefens par Monfieur le Cardinal : lequel auffi ne deuoit omettre que quand il eft queftion de la fujettion
des Rois es chofes temporelles ou dependance de leurs
couronnes de la puiffance Papale il excepte toufiours
le Roy de France : tefmoing ce qu'il dit peu auparau-
uant le paffage que le Cardinal allegue. *Il ne faut pas*
maintenant aprés le temps de Pierre que toute puiffance Im-
periale

Pag.44.

periale & Royale ou autre seculiere tire immediatement sa force du souuerain Pontife. Comme le Roy de France tres Chrestien n'a aucun superieur en ceste façon & n'en recognoist point en terre. Or il ne faut point estre fort subtil pour comprendre que la couronne de France depend du Pape, si le Pape la peut donner ou oster pour quelque cause ou occasion que ce soit.

Et puis que nous sommes sur Gerson, ie veux aussi examiner les allegations que M. le Cardinal sur la fin de sa harangue tire du mesme Gerson en l'oraison a Charles VI. pour l'Vniuersité de Paris, ou il luy fait dire *que tuer vn tyran est vn sacrifice agreable a Dieu.* Ou faut noter que ce n'est point Gerson qui parle ainsi, mais la sedition qu'il introduit parlante, desquels propos de la sedition & d'autres semblables voicy le iugement qu'il en fait. *A ceste voix furieuse de la sedition ie destournois ma face comme si i'eusse esté mort, monstrant que ie ne pouuois plus supporter sa rage:* & de fait aprés que la dissimulation d'vne part & la sedition de l'autre eurent suggeré choses contraires, il fait parler la discretion comme iuge tenant la mediocrité & disant les choses que M. le Cardinal allegue contre soy mesme. *Si le chef* (dit il) *ou quelque autre membre de la Republique encouroit vn tel inconuenient qu'il voulust aualler le venin mortel de la tyrannie, chasque membre en son lieu s'y deburoit opposer de tout son pouuoir par les moyens expediens, & tels qu'il ne s'enfuiast pas pis. Car il n'est pas a propos si la teste est affligée d'vne petite douleur que la main la frappe, attendu que cela seroit folie, ny ne la faut pas couper ou separer incontinent d'auec le corps, mais la me-*

F 3

deciner

deciner doucement tant par bonnes paroles qu'autrement, a l'exemple des prudens medecins. Il n'y auroit rien plus cruel ni plus defraisonnable que de vouloir exclurre la tyrannie par vne sedition. Ces paroles me semblent fort expresses contre les meurtres des Rois tyrans. Et quand peu aprés il parle d'expulser la tyrannie, il ne parle pas pour cela d'expulser le Tyran, mais bien d'oster la tyrannie. Pourtant aussi il veut que les remedes viennent non du Pape degradant vn Roy, *mais des Philosophes, Iurisconsultes, Theologiens, & gens de bonne vie.* De tout ce que nous auons dit appert que quand en la consideration 7. contre les flatteurs, il dit que *quand le Prince poursuit ses sujets manifestement & auec obstination en iniure & de fait, alors ceste reigle naturelle, il est licite de repousser la force par la force, & ceste sentence de Seneque, on ne peut immoler victime plus agreable a Dieu qu'vn Tyran, ont lieu:* que ces mots ONT LIEV doiuent estre entendus selon qu'il auoit dit en vn autre lieu, asçauoir entre les seditieux, Ou bien que ces mots, ONT LIEV signifient seulement *se prattiquent,* sans y apporter son iugement.

Il ne deuoit omettre Sigebert, lequel peut auec plus de raison estre appellé François que Thomas & Okam, qu'il nous baille pour François. Iceluy en son Chronique sur l'an. 1088. parlant de la deposition de l'Empereur par le Pape dit ainsi. *Ceste heresie n'estoit encores née au monde que les Prestres de celuy qui appelle le Roy Apostat, & qui fait regner vn hypocrite acause des pechez du peuple, enseignassent le peuple qu'il ne doit aucune suiettion aux mauuais Rois, & qu'il ne doit aucune fidelité,*

quoy

quoy qu'il luy ait presté serment de fidelité.

Apres que Monsieur le Cardinal s'est ainsi pourmené par les histoires des derniers siecles, qui quand elles seroyent toutes pour luy sont de nulle authorité, au lieu de s'enquerir de la volonté de Dieu en sa parole, & produire des exemples de l'ancienne Eglise, en fin il sort de ses allegations & veut preuenir les obiections.

Pour ce faire il fait parler ainsi les defenseurs de la couronne des Rois. *Mais (repliquera on) les Papes peuuent bien imputer aux Rois, ou par passion, ou par mauuaise information, qu'ils sont heretiques ou Apostats de la Religion Chrestienne encor qu'ils ne le soyent pas.* Sa response pour les deposeurs de Rois est, *qu'ils entendent parler d'vne heresie notoire & condamnée par sentence precedente de l'Eglise. Item que si le Pape erre en fait, le clergé se doibt ioindre auec le Roy & faire des remonstrances au Pape, & demander que la chose soit iugee, l'Eglise Gallicane presente en plein Concile.* En quoy le Cardinal ne s'accorde point auec Bellarmin qui tient que si vn Prince est iniustement condamné par le Pape, il doibt neantmoins quitter son Royaume, & que la sentence iniuste du pasteur ne luy sera point nuisible, poururveu qu'il cede & obeisse, en attendant que le Pape recognoisse son erreur. Auquel cas faut presupposer que celuy qui s'est emparé de son Royaume, le quittera incontinent a la sollicitation de sa Saincteté, & que durant ce temps le Prince iniustement deposé ne sera point tué. Mais il ne plaist pas a Monsieur du Perron d'ottroyer tant au Pape, car il ne veult

pas

Pag. 52. & suinantes.

Aduers. Barklaium.

pas au cas que le Roy foit injuftement depofé par le Pape mal informé, que le Royaume obeiffe au Pape, ains luy face des remonftrances, & que la chofe foit renuoyèe au Concile: Mettant par ce moyen le Concile au deffus du Pape : Ce que le Pape ne luy accordera pas. Or ce Concile fans doute doibt eftre vniuerfel, auquel les Euefques François ne pourroyent eftre iuges, puis qu'ils plaident la caufe de leur Roy : dont auffi M. le Cardinal veult feulement que l'Eglife Gallicane y foit prefente. Par ce moyen des E-uefques Italiens, Efpagnols, Siciliens, Flamends, &c. fujets de Souuerains qui fouuent ont des inimitiés contre la France, feront iuges fi la France doibt chaffer fon Roy, & fi elle doibt mettre du trouble dedans le Royaume. Mais n'eft il pas poffible qu'vn Roy ne foit pas aimé de fes fujets, & qu'ils preinent là deffus occafion de le molefter? Ne peut il pas aduenir que les calomnies qui auront trompé le Pape trompent auffi la moitié de fon peuple? N'eft il pas poffible qu'vne partie du peuple adhere au Pape, & l'autre tienne pour fon Roy: & qu'ainfi la guerre ciuile f'allume ? N'eft il pas poffible que le Pape n'acquiefce pas aux remonftrances des François? Et puis qu'vn Concile general ne peut eftre tenu en l'Eglife Romaine fans que le Pape le conuoque, eft il croyable que le Pape veille conuoquer vn Concile, pour y eftre iugé ? Et comment pourra le Pape prefider en vn Concile ou il eft partie & ou il eft queftion d'examiner la iuftice de fa fentence? Et cependant durant toutes ces remonftrances & acheminemens de Concile voila la Royauté du Roy qui

de-

demeure en suspens, & remise au iugement du Concile, lequel s'il est deux ou trois ans a s'assembler & dure dixneuf ans, comme a fait le Concile de Trente, voila la pauure France en bel estat. Bref tout ce que dit le Sr Cardinal est plein non seulement d'impossibilité mais aussi de moquerie: Laquelle est toute euidente en ce qu'il adjouste *Que si le Pape estant trompé au fait declare le Roy heretique precipitamment & iniustement, la declaration du Pape ne peut estre suiuie de la deposition actuelle, que le Royaume n'y consente.* Qu'estoit il besoing de nous aduertir de cela? qui ne sçait qu'vn Roy ne peut estre actuellement & en effect deposé de son Royaume, pendant que le Royaume le maintient? Parler ainsi c'est dire qu'il ne peut estre priué de sa couronne pendant qu'il la garde: qu'il ne peut estre mis a nud pendant qu'il est vestu. Qu'il ne sera iamais deposé pendant qu'il est le plus fort: bref qu'il sera tousjours Roy pendant qu'il aura le Royaume, Cependant notés bien ces mots du Cardinal, *Que pour deposer vn Roy il faut auoir le consentement de leur peuple,* Car ces paroles mettent le peuple par dessus le Roy & le font iuge de la deposition du Roy.

Voicy bien plus: car les Papes mesmes recoignossent qu'ils peuuent errer en la foy. Et y a eu des Papes qui ont condamné le Pape Honorius pour auoir esté Monothelite. S. Hierosme, S. Hilaire, S. Athanase tesmoignent que Liberius a fleschi & souscrit a l'Arianisme. Iehan XXIII. a esté condamné au Concile de Constance pour auoir soustenu qu'il n'y a ni Paradis ni enfer: & ainsi plusieurs autres Papes. Si donc quel-

Can. Si Papa. Dist.40. Nisi sit à fide deuius.

que Pape heretique depofoit pour herefie vn Roy Orthodoxe, cuidés vous que luy qui fe vante d'auoir tout le droit dans le coffret de fon eftomach vouluft acquiefcer aux remonftrances des François? ou comme pourra eftre iuge de l'herefie en vn Roy celuy qui luy mefme peut deuenir heretique? On dit là deffus qu'il peut errer comme homme & non comme Pape, mais en ce cas pourquoy le Pape n'inftruit il l'homme? ou pourquoy l'homme ne demande il inftruction au Pape? ioint que fi vn Roy eft deposé par l'homme, ou par le Pape il eft toufiours deposé. D'autres difent qu'il peut errer en la queftion de fait, mais non en la queftion de droit. Abus. Car s'il peut ignorer fi IE-SVS CHRIST eft mort pour nous, il peut auffi ig-norer s'il faut fe fier en fa mort. Les Anciens Pro-phetes infpirez de Dieu a faire des remonftrances aux Rois de Iuda & d'Ifrael n'erroyent non plus au fait qu'au droit, & eftoyent autant efloignés d'eftre en ce point abufés par calomnie, que d'eftre feduits en la doctrine. Comme ils n'erroyent point en la foy, auffi ne tanfoyent ils point les innocens. Et c'euft alors efté vne belle chofe, de dire qu'ils pouuoyent eftre here-tiques comme Efaye ou Daniel, mais non comme Prophetes : car en ce cas, fans doubte, Efaye euft de-mandé confeil au Prophete, c'eft a dire, a foy mefmes. Bref fi les Rois ne font Rois que iufques a ce que le Pape les ait iugés heretiques & deposés, ils courent danger d'eftre fort mal iugés. Et leur plus feur fera de ne rien fçauoir du tout, & de croire par procureur, de peur de deuenir heretiques en parlant de Dieu, ou

s'ens'enquerant de la religion.

Tous les exemples que M.Cardinal allegue en suite sont nouueaux & legers & du temps de la seruitude, & ou les Papes mesmes sont tesmoings en leur propre cause. Encores ne parlent ils point de deposition, mais d'excommunication & interdit, qui n'est pas ce dont il s'agit. C'est pourquoy il dit souuent qu'il ne parle que du fait, comme recognoissant qu'il n'a point de droit: il rapporte ce qui s'est fait, mais non pas ce qu'il falloit faire. Cela est ne rien enseigner.

EXAMEN DV DEVXIEME INCONVENIENT.

LE deuxieme inconuenient qui arriueroit (au iugement du Sr Cardinal) si l'article du tiers estat estoit receu, est que *les Laiques auroyent authorité de iuger* Pag.86. *des choses de la Religion & decider que la doctrine que l'article contient est conforme a la parole de Dieu, & mesme auroit pouuoir d'imposer necessité aux Ecclesiastiques, de iurer, prescher & enseigner l'vne des opinions & impugner par sermons & par escrits l'autre.* Ce qu'il exaggere par termes ampoullés, iusques a dire, *O opprobre, O scandale, O porte ouuerte a toutes sortes d'hereses!* Il tasche donc a rendre ceste vsurpation des Laiques odieuse & par raisons, & par passages de l'Escriture. En quoy il se trauaille en vain & presuppose ce qui n'est pas. Car en cet article le tiers estat s'est comporté non cóme iuge, mais comme requerant, voulant seulement que cet ar-

G 2

ticle

ticle fuſt mis ſur le cayer pour eſtre preſenté au Roy &
a ſon Conſeil, auquel ils en remettoyent le iugement,
eſperans que le Clergé & la Nobleſſe ſe joindroyent a
leur demande. Ils n'eſtoyent pas ſi ignorans en leurs
charges que de croire que ce que le tiers eſtat propoſe
puiſſe auoir vertu de loy pendant que les deux autres
ordres s'y oppoſent, & que le Roy n'y conſent pas.
Ioint qu'ils n'ont pas propoſé ceſt article comme vn
point de doctrine en la Religion, mais pour eſtre de-
formais vne loy fondamentale en l'Eſtat, le ſoing duquel leur eſtoit commis. Que ſi le Roy euſt agreé ledit article, & euſt commandé aux Eccleſiaſtiques de
s'employer a l'execution du contenu, leur deuoir euſt
eſté d'obeir au Roy comme ſujets, obligés de luy
ayder es choſes qui peuuent ſeruir a la ſeureté de ſa vie
& a la paix de ſon Royaume. Et en ce faiſant ils n'o-
beiroyent pas au tiers eſtat, mais au Roy qui leur auroit fait ce commandement a la ſuggeſtion de ſes fideles ſeruiteurs, que la negligence du Clergé a rendu vi-
gilans, lequel ils voyent lié au Pape par vn lien plus
eſtroit qu'il ne l'eſt a ſon Roy. Le Cardinal donc meut
icy vne queſtion qui n'eſt pas : mais ſelon ſa dexterité
accouſtumée il fait cecy pour faire la leçon au Roy
auec plus de liberté, feignant de parler au tiers Eſtat,
mais en effect parlant au Roy & aux Princes & Seigneurs de ſon Conſeil qui ſont compris par luy ſous le
nom de Laïques, & deſquels le Clergé apprehendoit
bien plus le iugement que celuy du tiers eſtat. Ce
ſont ceux la qu'il fait vſurpateurs & ouurans la porte
aux hereſies : car ſi ce n'eſt qu'aux clers & a leur chef

d'eſtre

d'estre iuges en ceste matiere, le Roy & ses Princes &
la Noblesse en sont aussi bien exclus que le tiers estat.

Il fait donc pleuuoir vne gresle de passages de l'Escri- *Pag. 61.*
ture qui commandent au peuple de respecter ses Pa-
steurs : Comme si ces passages empeschoyent la vi-
gilance du peuple a conseruer la vie & la couronne de
son Prince, côtre les attentats de personnes incitées par
des Ecclesiastiques qui ont leur chef hors du Royaume,
& qui se tiennent n'estre point sujets du Roy : ce que
ne disoyent point les sacrificateurs & Prelats dont il
est parlé es passages qu'il allegue. Il allegue aussi Con- *Pag.62.*
stantin qui refusa de iuger des causes des Euesques : &
Valentinian qui rejettant le iugement des subtiles que-
stions de Theologie, *disoit ne vouloir s'attribuer la curio-*
sité de ces recherches. Comme si pouruoir a la seureté du
Roy estoit vne cause d'Euesques, ou vne curieuse sub-
tilté. La mesme respôse sert a tous les passages des Peres
qu'il produit: entre lesquels celuy de Greg. de Nazianze
en l'oraison aux citoyens de sa ville angoissés, est peu fi-
delemêt allegué: ou Gregoire parlant non point a l'Empereur, mais au Præfect & Lieutenât de l'Empereur, dit
ἄρχομεν γὰρ καὶ αὐτοὶ *nous auons commandement ou principauté aussi*
bien que vous. Mais Monsieur le Cardinal tourne, *Nous*
sommes aussi Empereurs nous-autres : ce qui ne peut estre
ainsi interpreté, tant pource que celuy auquel il parloit n'estoit point Empereur, que pource que ceste
parole eust esté trop outrecuidée de se qualifier soy
mesme Empereur n'estant alors qu'Euesque d'vne petite ville. Car quant a la sujettiô aux Empereurs, vn peu
auparauant il se recognoist auec son peuple estre sujet

G 3

aux

aux puiſſances ſuperieures, iuſques a leur payer tribut.
L'Hiſtoire de ſa vie miſe deuant ſes oeuures teſmoigne
que les Ariens le trainerent deuant le ſiege iudicial du
Conſul, dont il fut renuoyé abſous ſans eſtre battu ni
outragé, & au bout voicy vn prelat qui veut que ce
Gregoire ſe vante d'eſtre Empereur. Or eſt il vray que
les Empereurs ne ſe ſont iamais vantés d'eſtre ſouuerains iuges des points de la foy & doctrine, ſi eſtce toutefois qu'ils prenoyent cognoiſſance des deciſions
& reiglemens des Conciles & de la diſcipline de
l'Egliſe. Le tiltre du premier Concile de Conſtantinople eſt tel. *Propos du ſainct Synode au treſreligieux*
Empereur Theodoſe le Grand, auquel ils ont aſſuietti les
Canons qu'ils ont dreſſés. Là meſme ils demandent a
l'Empereur confirmation & approbation du Concile.
Meſmes choſes ſont dites par le Côcile de Trulle, ou ont
eſté dreſſés les Canons du Cinquieme & Sixieme Conciles. Non pas que les Empereurs s'attribuaſſent d'eſtre
iuges infallibles de la doctrine. Mais cela ſe faiſoit
pour voir ſi es deliberations des Eueſques (qui ſont
auſſi bien picqués d'ambition que les autres) il n'y a-
uoit rien contre ſon ſeruice, ni contre le repos de la republique, ni contre les deciſions des Conciles precedens, deſquelles choſes oſter la cognoiſſance au Roy,
c'eſt le transformer en ſtatuë, & ne vouloir pas qu'il
ait ſoing de ſoy meſme : & le reduire a eſtre ſeulement
bourreau & executeur de la volonté des Eccleſiaſtiques, ſans auoir aucune cognoiſſance non pas
meſme des choſes qui le concernent.

Ie confeſſe bien que c'eſt vn point de Theologie,

que

que de iuger de l'eſtenduë de la puiſſance des clefs, &
que les clercs peuuent & doiuent vſer de leurs cenſures contre les Princes qui contre leur ſerment font
la guerre à IESVS CHRIST, ſans prendre en cela
les Laics pour iuges. Mais cela n'empeſche point que
les Clercs ne puiſſent eſtendre la puiſſance de leurs
clefs plus loing qu'ils ne doiuent, & que quand ils
s'en voudront ſeruir pour tollir au peuple ſon bien,
ou au Prince ſa couronne, le peuple & le Prince ne
doiuent penſer a la conſeruatiõ de leur bien: & demander aux clercs qu'ils produiſent leurs tiltres, & qu'ils
monſtrent par l'Eſcriture que Dieu leur ait donné ceſte
puiſſãce. Car laiſſer le Pape eſtre iuge abſolu de ceſte
matiere ou il eſt partie, & qui eſt le plus haut & le
plus glorieux point de ſa domination, aſçauoir de diſpoſer des couronnes des Rois, c'eſt reduire les Rois
a l'impoſſibilité de gaigner leur cauſe.

Ie confeſſe auſſi que quand vn Prince commande
quelque choſe directement contre la parole de Dieu,
& qui tend a la ſubuerſion de l'Egliſe, que les clercs
en ce cas ne doiuent pas ſeulement diſpenſer le peuple de luy obeir, mais meſme le luy defendre ex-
preſſement, car il vault touſjours mieux obeir a Dieu
qu'aux hommes : & neantmoins les exhorter a obeir
a ce meſme Prince en toute autre choſe qui ne ſera
point contre Dieu, les deſtournant de reuolte & ſedition. Ainſi faiſoyent les anciens Chreſtiens ſous les
Empereurs payens, le zele & la patience deſquels a
plus donné d'accroiſſement a l'Egliſe, que le Papiſme
n'en prendra iamais par degradations de Rois, par

inter-

interdiction de Royaumes, par aſſaſſinats, par mines de poudre canon.

Les paſſages de l'Eſcriture qu'il allegue en ſuite pour ceux qui maintiennent la puiſſance du Pape a depoſer les Rois ſont alleguées auſſi fidelement que les precedens. *Ils alleguent* (dit il) *que Samuel depoſa Saul, ou le declara depoſé, pource qu'il auoit violé les Loix de la religion Iudaique.* Allieurs il dit qu'il fut depoſé pour auoir voulu vſurper la Sacrificature. Tout cela faux & contre l'Eſcriture. Car iamais Saul ne fut depoſé au ſens que le mot de *depoſer* eſt pris en ceſte queſtion, aſçauoir pour deſpouiller vn Roy de ſa dignité Royale & le reduire a vne condition priuée : ains il continua iuſques a la mort a eſtre Roy, & eſt appellé Roy en l'Eſcriture iuſques a la fin de ſa vie, meſme par Dauid, auquel Dieu auoit promis le Royaume. Que ſi Samuel l'euſt actuellement depoſé par le commandement de Dieu, toute l'Egliſe d'Iſrael euſt mal fait de le recognoiſtre encores pour ſon Roy, & Samuel notifiant au peuple l'ordonnance de Dieu luy euſt defendu de le tenir plus pour Roy d'Iſrael. Et Dauid n'euſt point eſté retenu de le tuer par ceſte conſideration, pource qu'il eſtoit l'oinct de l'Eternel. Que ſi des l'inſtant auquel Samuel luy notifia que Dieu l'auoit rejetté pour n'eſtre plus Roy, il euſt ceſſé d'eſtre Roy, il euſt falu que Dauid euſt alors commencé a eſtre Roy de peur que le Royaume ne demeuraſt ſans Roy, dont s'enſuiuroit que l'eſcriture auroit erré commençant a conter les années de ſon regne depuis la mort de Saul. Vray eſt que Dieu au 2. de Samuel chap. 15.

luy

luy denonce que Dieu l'auoit reietté pour n'estre plus
Roy sur Ifrael, mais l'execution de ceste sentence ne
fut qu'au iour que Dieu le frappa a mort, & executa
sur luy vn iugement exemplaire. Dont appert que
l'Onction de Dauid par Samuel estoit vne promesse   1.Sam.16.
de Dieu & vne declaration du chois que Dieu faisoit
de luy, & non vn establissement au Royaume· en
mesme façon qu'au premier des Rois, chap. 19. Dieu
commande a Elie d'oindre Hasael Roy sur Syrie. Car
personne n'est si ignorant en l'histoire de croire que les
Prophetes d'Ifrael consacrassent ou establissent les
Rois de Syrie. C'est pourquoy Dauid ne laissa point   2.Sam.2.4.
d'estre oinct de nouueau quand il fut actuellement
establi au Royaume.

Item il leur fait dire *Que le Prophete Ahia deposa Ro-*   1.Roi.11.
boam du droit Royal qu'il auoit sur les dix lignees du peuple
d'Ifrael, pource que son Pere Salomon auoit apoftasié de la Loy
de Dieu : Ce qui aussi est faux:car il ne se trouue point
qu'Ahia ait parlé a Roboam ni qu'il luy ait,rien annon-
cé de la part de Dieu : & le passage du 3.des Rois chap.
11. que M. le Cardinal cotte n'est point du temps du
regne de Roboam, ains du temps de Salomon : & est
vne Prophetie & non vne sentence de deposition. Car
comment eust il peu deposer Roboam du Royaume
auant qu'il fust Roy? Le pis est qu'alleguer ce passage
pour exemple d'vne iuste sentence de deposition d'vn
Roy,c'est approuuer la desloyauté d'vn seruiteur contre son maistre, & la rebellion de Ieroboam,qui est
proposé en l'Escriture pour exemple de meschanceté.

L'exemple qu'il adiouste est de mesme, asçauoir *que*

H

le

1.Roy. 19.

le Prophete Helie deposa Achab pource qu'il embraſſoit la Religion des faux dieux. Cela faux : Achab a eſté Roy iuſques a la mort : l'Eſcriture qui ne parle point ſelon l'opinion des hommes mais ſelon la verité, conte les années du regne d'Achab iuſqu'a ſa mort : Les predictions de la ruine d'vn Roy ne ſont pas ſentences de depoſition. Elie ne declara iamais aux ſuiets d'Achab qu'ils eſtoyent abſous du ſerment de fidelité : il n'eſtablit iamais vn autre Roy en la place d'Achab.

Pag. 68.

Faux auſſi ce qu'il dit peu apres, aſçauoir *que le Sacrificateur Azarias ait chaſſé le Roy Ozias de la conuerſation du peuple, dont l'adminiſtration du Royaume luy fut oſtée.* Car Dieu l'ayant frappé de lepre, il ſe retira a l'eſcart de

2.Chron. 26.

peur d'infecter les ſiens. Le Sacrificateur ne prononça contre luy aucune ſentence de depoſition ni de ſuſpenſion d'adminiſtration : Ains l'Eſcriture conte les iours de ſon regne iuſqu'a ſa mort. Que ſi le Sacrificateur le iugea immunde ſelon la loy du 13. du Leuitique, il le iugea comme malade & non comme criminel & depoſable : car la Loy ne punit point les maladies mais les crimes. Ioſephe la deſſus diſant qu' Ozias

Antiquit. lib. 9.
cap. 11.

veſcut vne vie particuliere n'entend pas qu'il fuſt depoſé, mais qu'il ſe deſchargea du ſoing des affaires.

Pag. 69.

L'exemple de Matathias incitant les Iuifs a ſe rebeller contre Antiochus ne vault pas mieux. Car il n'y a nulle ſentence de depoſition, ains vn ſouleuement d'vn peuple oppreſſé. Se rendre chef d'vne conſpiration contre vn Roy n'eſt pas prendre la charge de iuge pour degrader le Roy, de laquelle Matathias ſe rendit chef non en qualité de Sacrificateur, mais de chef de

guerre

guerre & d'homme le plus qualifié entre le peuple. Les
chofes faites par la violence fubite d'vne populaffe ne
doiuent eftre prifes pour loix, ni pour preuues d'vne
puiffance ordinaire, telle que la Pape s'attribue.

Telles font nos refponfes, & non celles que M. le
Cardinal nous fournit afin de s'efgayer a refuter ce
que luy mefme nous fait dire. Dont il ne nous eft ne-
ceffaire de refuter ce qu'il dit de la miffion ordinaire
du nouueau Teftament, ni de la lepre, & des pierres, &
des floccons de laine, trouuant par vn artifice exquis
en la ladrerie & en la galle des preuues pour affu-
iettir au Pape les couronnes des Rois, pource que
l'herefie eft vne lepre, ce qui fe peut auffi dire de tout
vice contagieux & inueteré. C'eft donc auec raifon
qu'il declare qu'il ne pretend rien traitter refolutiue-
ment, puis que fur de fi foibles preuues vne refolution
eft mal fondée.

Ces objections renuersées, voyons fi les noftres
n'ont pas plus de force que les fiennes. Voicy donc ce
qu'il nous fait dire. *Ceux* (dit il) *qui tiennent la partie ne-*
gatiue difent que S. Paul efcrit, Que toute ame foit fujette aux
puiffances fuperieures. Car qui refifte aux puiffances refifte
a l'ordre inftitué de Dieu. Et S. Pierre efcrit, Soyez fujets,
foit au Roy comme au plus excellent, foit aux gouuerneurs,
& de la inferent que l'obeiffance aux Rois eft de droit Di-
uin, & donc ne peut receuoir de difpenfe par aucune authorité
ni fpirituelle ni temporelle, voila ce qu'il nous fait dire.
Mais il taift ce qui eft le plus fort, afçauoir que les
Empereurs dont parlent ces faincts Apoftres eftoyét
payens & infideles & horribles Tyrans, & que

Pag.67.

Pag.66.

Pag.69.

H 2   neant-

neantmoins eſt commandé a toute ame, donc auſſi a l'Eueſque de Rome, de leur eſtre ſujet, comme dit Chryſoſtome en l'homilie 23. ſur l'Epiſtre aux Romains. *Il fait ce commandement a tous, & aux preſtres & aux ſolitaires, & non ſeulement aux ſeculiers, quand tu ſerois Apoſtre, quand tu ſerois Euangeliſte, quand tu ſerois Prophete, ou qui que ce puiſſe eſtre.* Eſt auſſi a noter que cela eſtant vne reigle generale qui oblige tous fideles, ce neantmoins S. Paul l'addreſſe particulierement a l'Egliſe Romaine, comme preuoyant que de la deuoit ſourdre & naiſtre la rebellion contre les Princes : De laquelle ſi le chef a quelque priuilege contenu en la parole de Dieu qui l'exempte de ceſte reigle, c'eſtoit au Cardinal de le produire en l'aſſemblée qui attendoit cela de luy. Mais au lieu de cela il dit que ce paſſage ne touche aucunement le noeud de la controuerſe. *Car* (dit il) *la queſtion n'eſt pas s'il eſt de droit diuin d'obeir aux Rois pendant qu'ils ſont Rois, ou recogneus pour Rois, mais la queſtion eſt s'il eſt de droit diuin que celuy qui a eſté vne fois recogneu pour Roy par le corps de l'Eſtat ne puiſſe ceſſer de l'eſtre, c'eſt a dire qu'il ne puiſſe commettre choſe pour laquelle il luy arriue de déchoir de ſes droits & ceſſer d'eſtre recogneu Roy.* Ceſte reſponſe eſt l'eſchappatoire des Ieſuites, qui ne trouuent pas bon qu'on tue vn Roy : mais trouuent bon qu'on face qu'il ne ſoit plus Roy & puis qu'on le tuë, car tuer vn Roy depoſé n'eſt pas tuer vn Roy. Encores a ceſte heure en auons nous vn en priſon qui tient ce langage & ſouſtient ceſte doctrine. Ainſi le Cardinal veult qu'on ſoit ſujet au Roy pendant qu'il eſt Roy,

mais

mais veult que le Pape face qu'il ne soit plus Roy. Ie respons donc que de vray ces passages de S. Paul & de S. Pierre ne toucheroyent point a la question si la question estoit telle qu'il la fait. Mais ce n'est nullement la question, asçauoir si vn Roy peut faire chose par laquelle il dechoye de son droit ou ne soit recogneu pour Roy. Car nostre question est touchant la puissance du Pape a deposer les Rois, & la question qu'il nous forge ne parle point du Pape. Car quand mesme nous serions d'accord qu'vn Roy electif pourroit déchoir de son Royaume, si estce que la question demeureroit, si c'est au Pape de le deposer, & si c'est au Pape de luy oster ce qu'il ne luy a point donne: Et en quel endroit de la parole de Dieu ceste puissance luy est donnée.

Mais le Cardinal se defend & dit que *comme il est dit* Pag.71. *Que toute ame est sujette aux puissances superieures, aussi est il dit obeissés a vos Prelats, & leur soyés sujets car il veillent pour vos ames, comme ceux qui en rendront conte.* Ceste raison est sans raison, & contre luy mesme: car on peut obeir aux Prelats sans deposer les Rois : Si les Prelats preschent selon l'Euangile ils ne prescheront iamais la rebellion contre le Roy. Et comme ainsi soit que les Prelats ne soyent pas tous d'accord, l'Eglise vniuerselle estant aujourdhuy diuisée en plusieurs pieces discordantes, il est mal aisé de leur obeir a tous, en obeissant a Dieu. Voire ie dis que de cecy naist vne forte preuue contre la degradation des Rois par les Prelats, Car comme Dieu commande a tous d'obeir aux Rois, & neantmoins M. le Cardinal ne voudroit inferer

 rer

rer de là que les Rois peuſſent degrader les Prelats, ainſi Dieu commande d'obeir aux Prelats & neant-moins il ne s'enſuit pas que les Prelats puiſſent depoſer les Rois: Ces deux obeiſſances s'accordent bien, & ſont chacune bornées de leurs limites.

Or pource qu'en ce point nous auons pour nous toute l'ancienne Egliſe, qui ayant fort long temps veſcu ſous des Empereurs payens, heretiques & perſecuteurs n'a iamais parlé de rebellion, ni eſté iamais diſpenſée par aucun du ſerment de fidelité a l'Empereur: le Cardinal confeſſe qu'alors les Chreſtiens eſtoyent obligés a fidelité & obeiſſance aux Empereurs pource que l'Egliſe (il a eſté honteux de dire le Pape) ne les auoit point abſous du ſerment de fidelité: qui eſt vne belle imagination & recreatiue, de preſuppoſer que l'Eueſque de Rome pouuoit alors depoſer Neron, ou Claude, ou Domitian, leſquels ne ſçauoyent pas ſeulement s'il y auoit vn Eueſque de Rome: & que ces pauures Empereurs eſtoyent ſi mal informés que de ne ſçauoir pas qu'en leur ville capitale il y euſt vn homme qui auoit puiſſance ordinaire & legitime de les degrader & depoſſeder de l'Empire. Sans doute ces Empereurs vaſſaux de l'Empire du Pape ont eſté excuſables de ne l'auoir recogneu & honoré en ceſte qualité, pource qu'ils ne ſcauoyent pas qu'il y euſt vn Pape au monde : car alors les Eueſques de Rome eſtoyent grands & puiſſans comme vn des Eueſques de mes Royaumes. Mais ils ne iugeoyent pas expedient d'vſer de leur puiſſance, & vſoyent de clemence enuers ces meſchans Empereurs, & cela pour trois raiſons que M. le Cardinal allegue.   La

Pag.72.

La premiere eſt pource qu'ils n'oſoyent irriter les Empereurs de peur d'attirer la perſecution ſur l'Egliſe. Si i'ay quelque reſte de ſens commun il me ſemble que parler ainſi c'eſt accuſer non ſeulement les Eueſques de Rome, mais auſſi tous les anciens Chreſtiens d'hypocriſie & de diſſimulation, car c'eſt dire que l'obeiſſance qu'ils rendoyent a leurs ſouuerains eſtoit par feintiſe & par force, & que toutes les ſubmiſſions de fidelité d'humilité & de patience que font tous les anciens peres, ſont paroles que la fidelité n'a point ſuggerées mais que la crainte a arrachées : Dont s'enſuit qu'a tort leurs paſſions ſont honorées du tiltre de martyre, puis que leur patience a eſté forcée; & que ce qu'ils ne ſe ſont point mutinés contre les perſecuteurs n'a eſté que faute de puiſſance & non de volonté. A quoy eux meſmes contrediſent : comme Tertulian au 37.chap. de l'Apologetique & Cyprian contre Demetrian, ou ils diſent que tout eſt plein de Chreſtiens, les villes, iſles, chaſteaux, bourgs, armées, &c. que ſi les Chreſtiens ſe retiroyent, les villes deuiendroyent ſolitaires & que le ſilence ſeroit effroyable; & que les Empereurs chercheroyent a qui commander; & que neantmoins ils ne s'oppoſent point a vne iniuſte violence & n'vſent point de vengeance. Et eſt certain que du temps de Iulian, quaſi tout l'Empire eſtoit Chreſtien, & que ſes Princes eſtoyent Chreſtiens, entre leſquels eſtoyent Iouian, & Valentinian qui peu apres furent Empereurs, leſquels pouuoyent ſolliciter l'Eueſque de Rome a degrader l'Empereur de ſa charge. Car quant meſme toute l'armée de Iulian

ſe

Tertul.Apol.
c.37.Heſterni
ſumus, & omnia veſtra impleuimus, vrbes, inſulas, caſtella, &c.

se fuſt reuoltée du Chriſtianiſme, comme Monſieur le Cardinal nous veult perſuader contre toute apparence, & contre le teſmoignage de toute l'armée qui s'eſcria aprés ſa mort tout d'vne voix, *Nous ſommes Chreſtiens* ſi eſtce que l'Italie eſtant Chreſtienne, & l'armée de Iulian eſtant en Perſe a l'autre extremité de l'Empire ; l'Eueſque de Rome auoit alors belle commodité de le depoſer. Ie dis auſſi que ceſte confeſſion ſubite & generale de toute l'armée, diſant *Nous ſommes Chreſtiens,* teſmoigne que ſi ſes ſoldats s'eſtoient rangés au Paganiſme, que c'eſtoit par contrainte & contre leur volonté : & par conſequent qu'ils euſſent encores ſouffert plus aiſément qu'on le depoſaſt, que s'il euſt laiſſé ſes ſoldats en liberté de conſcience. Mais S. Auguſtin ſur le Pſeaume 124. rend teſmoignage aux ſoldats de Iulian qu'ils ont perſeueré en la foy Chreſtienne : *Les ſoldats Chreſtiens (dit il) ont ſerui a vn Empereur infidele : Quand ce venoit a la cauſe de Chriſt, ils ne recognoiſſoyent que celuy qui eſt au ciel. Quand il vouloit qu'ils ſeruiſſent les Idoles & les encenceaſſent, ils obeiſſoyent pluſtoſt a Dieu qu'a luy,* apres leſquelles paroles ſuiuent celles que M. le Cardinal allegue contre ſoy meſme, *Ils diſtinguoyent le Seigneur Eternel d'auec le ſeigneur temporel, & toutefois ils s'aſujettiſſoyent au ſeigneur temporel a cauſe du Seigneur Eternel :* C'eſtoit donc pour obeir a Dieu & non de peur d'irriter l'Empereur ou attirer la perſecution, comme veult faire croire le Sr Cardinal : qui incite maniſtement les peuples a rebellion ſi toſt qu'ils ſe voyent aſſés forts. Dont s'enſuit que ſi leur conſpiration ne reüſſit pas, la faute n'eſt pas en la deſloyauté & trahiſon,

Socrates lib. 3 c. 19. Theod. lib. 4. cap. 1. Sozom. lib. 6. cap. 1.

Pag. 82.

hifon, mais a auoir mal pris leur temps , & n'auoir recogneu leur foiblefſe. Sous tels enſeignemens qui s'eſbahit s'il ſe fait des conſpirations de poudres & des parricides?

Apres Iulian il nous parle de Valentinian le ſecond, que les Chreſtiens pouuoyent bien depoſer lors qu'il maintenoit l'Arianiſme auec violence, & neantmoins ils n'y penſerent iamais. Monſieur le Cardinal reſpond qu'ils ne le firent pas, acauſe de la memoire de ſon pere, & pour ſa ieuneſſe, qui ſont conjectures forgées a plaiſir. Car quand il euſt eſté fils d'vn Arien & aagé de ſoixante ans ils n'euſſent pas fait autrement. Il adjouſte que le peuple ne quitta point la partie, & tint ſi ferme que l'Empereur craignant le tumulte fut contraint de ceder, & que ſes ſoldats luy manderent qu'ils l'aſſiſteroyent s'ils le voyoyent ioint aux Catholiques: *Pag.82. & 83.* Laquelle reſponſe n'eſt a propos de la puiſſance du Pape a depoſer les Rois : Car remarqués la belle conſequence: Valentinian a eu peur d'vn tumulte populaire a Milan, donc le Pape peut depoſer les Rois heretiques: Autant qu'il y a de difference entre le peuple de Milan & l'Eueſque de Rome, autant qu'il y a de difference entre vn tumulte de peuple & vne ſentence de Iuge : entre ce que le peuple de Milan ou des ſoldats ont fait, & ce que l'Eueſque de Rome doit faire, autant ceſte conſequence eſt eſloignée & hors de raiſon. Il falloit donc regarder non a l'emotion d'vn peuple, mais a ce que leur enſeignoit leur bon paſteur Ambroiſe : lequel s'offroit au martyre, mais ne conſeilloit pas la rebellion, *diſant* (comme recite Theodoret)

I

ret) *s'il abuse de sa Domination a tyrannie me voicy prest d'estre mis a mort.* Et la resistence qu'il fit a l'Empereur fut seulement par supplication, disant. *Nous te supplions, o Auguste, mais nous ne resistons pas : Nous n'auons point de peur, mais nous supplions : Item, si on veult mon patrimoine prenés le : si mon corps, i'iray au deuant. Me voulés vous trainer en prison ou a la mort i'y prendray plaisir.* Luy mesme en l'oraison a Auxentius, *Ie pourray m'affliger, ie pourray pleurer, ie pourray gemir. Contre les soldats & Gots mes armes sont les larmes, Car telle est la defense du prestre, ie ne puis ni ne doibs resister autrement.*

Iustinian Empereur en sa vieillesse tomba en l'heresie des Aphthartodocites, contre lequel quoy que suiui de peu de personnes en son heresie l'Euesque de Rome ne lança aucune excommunication, ny sentence d'interdiction ou de deposition.

Les Rois Ostrogots en Italie, les Visigots en Hespagne, les Vandales en Afrique estoyent Rois Ariens, & quelques vns d'eux persecuteurs. Notamment les Rois Visigots & Vandales estoyent esloignez du Pape lequel ne les deuoit craindre : ce neantmoins il ne s'est iamais aduisé d'en deposer aucun. Sur tout faut prendre garde au temps que Belisarius & Narsés Orthodoxes ont par grandes batailles & longues guerres abbatu les Vandales en Afrique, & les Gots en Italie : c'estoit lors ou iamais que le Pape deuoit degaigner ses foudres de deposition contre ces Rois Ariens, & dispenser leurs sujets du serment de fidelité, afin de fortifier par là & aider les Catholiques : mais alors cet expedient n'estoit encores trouué.

Gregoire

Gregoire I. se vante de pouuoir ruiner les Lombards qui ont esté long temps ennemis iurés de l'Euesque de Rome, mais dit que la crainte de Dieu l'en a empesché, comme nous auons remarqué aillieurs. Car en la 1. Epistre du 7. liure, il parle ainsi. *Si ie me fusse voulu mesler de la mort des Lombards, maintenant la nation des Lombards n'auroit ni Roy, ni Ducs, ni Contes, & seroit diuisée en grande confusion. Mais pource que ie crains Dieu ie crains de me mesler de la mort d'aucun homme.* Au moins pouuoit il en bonne conscience dégrader leur Roy, si Monsieur le Cardinal doit estre creu.

In Apologia pro iuramento fidelitatis.

Mais n'estce pas accuser les anciens Euesques de Rome de cruauté de n'auoir secouru l'Eglise Chrestienne oppressée par des tyrans, lesquels il pouuoit deposer? Est il croyable que I E S V S C H R I S T ait donné a S. Pierre & a ses successeurs par tant de siecles vne charge sans puissance de s'en seruir? qu'il leur ait donné vne espée laquelle ne deust estre tirée que mille ans apres? Est il croyable qu'au temps que les Papes se sont abandonnés a tous vices, mesmes par le tesmoignage de leurs flatteurs & seruiteurs plus affectionnez, ils ayent commencé a recognoistre la nature & la force de leur charge? Que s'ils ont esté retenus par la crainte ou par l'impuissance, pourquoy au moins ne nous produit on quelque Pape qui se soit plaint de ce qu'on luy empeschoit l'execution du pouuoir que I E S V S C H R I S T luy a donné? ou quelqu'vn des anciens qui l'ait exhorté a prendre courage & a degaigner ses foudres contre les Princes nuisibles a l'Eglise? Pourquoy viuans sous des Empereurs Chrestiens & cle-

I 2

mens,

mens n'ont ils declaré les causes qui les ont empef-
chés de se seruir de ce glaiue, depeur que la longue coustume de ne s'en seruir point, n'amenast contr'eux
quelque prescription ? Que si la foiblesse est vn iuste
empeschement d'ou vient que le Pape a entrepris de
déposer Philippe le Bel, Louis XII. Elizabet ma deuan-
ciere d'heureuse memoire, & diuers autres, ou sa foiblesse a paru par experience ? & dont ordinairement
troubles & guerres s'en ensuyuent qui retombent sur
sa teste ? comme il est aduenu a Gregoire V I I. & a Boniface V I I I ? C'est la raison pourquoy de peur de tels
inconueniens, le Pape n'entreprend iamais de deposer
vn Roy que quand il le void en peine, & vne grande
faction formée dans son estat, ou qu'il a vn voisin af-
famé & qui cherche querelle, comme quand on pousse
de la main vne muraille qui penche desia. Mais si le
Roy vient a bout de ses ennemis, alors le Pape luy offre
des pardons sans les demander, & par compassion pa-
ternelle luy permet de retenir le Royaume qu'il n'a peu
luy arracher. Combien de Princes incités par le Pape
a se rebeller contre leur maistre y ont ils perdu ou
l'honneur ou la vie ? comme il arriua a Rudolphe Duc
de Sueue incité par le Pape a se rebeller contre Henry
I V. Empereur? Combien de massacres, côbien de deso-
latiôns de villes, & sanglantes batailles s'en font ensuy-
uies? On trouuera de conte fait que Henry IV. & Frederic I. ont donné plus de soixante batailles sans les sieges
de villes pour maintenir leur droit contre les ennemis
que le Pape leur suscitoit : & ne se peut dire combien
de sang fut alors espandu. N'est il pas vray que le Pape
sçachant

sçachant que les Papistes font foibles en mon Royaume, neantmoins les incite a rebellion contre moy,
& leur defend de me prefter ferment de fidelité ? atti-
rant fur eux entant qu'en luy eft la perfecution comme
fur des rebelles, & faifant bon marché de leur vie ?
Tous cés exemples monftrent que la crainte d'attirer
des maux & perfecutions n'a point empefché les Papes
de fouldroyer les Empereurs & Rois, quand ils ont eu
efperance de s'accroiftre par ce moyen.

Finalement ie fay iuges les plus paffionnés, fi cefte
doctrine qui veult qu'on obeiffe aux Rois infideles ou
heretiques, iufqu'a tant qu'on ait de la force pour les
chaffer & depofer, n'incite pas les Empereurs Turcs
& infideles a exterminer tant de Chreftiens qui viuent
fous leur domination, comme perfonnes qui ne font
qu'attendre l'occafion de fe rebeller & qui n'obeiffent
que par contrainte ? Concluons donc par la fentence
d'Ozius parlant a l'Empereur Conftantius Arien.
Comme celuy qui voudroit rauir ton Empire refifteroit a l'or- Apud Atha-
donnance de Dieu, ainfi crain qu'vfurpant l'authorité des naf.in Epift,
chofes de l'Eglife tu n'encoures vn grand crime. Ou ce ad folitariam
Saint perfonnage ne donne point cefte exception du vitam agen-
Cardinal, afçauoir hors mis quand l'Eglife aura la force tes.
de fecouër le joug. Et ne parle point feulement aux
particuliers, mais donne vne reigle generale a tous
hommes.

Si cefte raifon tirée de la foibleffe eft merueilleufe- *Pag.77.*
ment foible, auffi eft celle que M.le Cardinal adjoufte:
Il dit qu'il y a difference entre les Empereurs payens *Deuxiéme*
qui n'ont iamais fait hommage a CHRIST, qui n'ont *raifon.*

I 3   point

point esté receus de leurs sujets a condition de viure
sous l'Empire de C H R I S T, & n'ont esté liés par serment & contract mutuel, Et entre les Princes Chrestiens qui tomberoyent en Apostasie & deuiendroyent Ariens ou Mahometans, &c. De ceux cy comme
faisans vn serment & voeu contraire a leur premier serment & voeu qu'ils ont fait a leur sacre, & a la condition sous laquelle ils ont receu le sceptre de leurs peres,
& persecutant la religion Catholique, il tient qu'ils
peuuent estre deposés : ne dit pas par qui, mais il entend tousiours que c'est par le Pape. Des Rois que le
Pape depose pour stupidité comme Childerik, ou pour
mariage comme Philippe I. Roy de France, ou pour
collation de Benefices comme Philippe le Bel, il n'en
parle point, & coule cela sous silence de peur d'offenser
ou le Pape ou ses auditeurs.

Amener ceste raison est confesser que le Pape de-
posant vn Prince n'a pas esgard au bien & conseruation
de l'Eglise : Car vn Prince qui a tousjours esté
payen & persecuteur ne nuit pas moins a l'Eglise que
s'il eust esté Chrestien. Et quant a la grandeur de la
faute ie n'y voy gueres de difference. Car vn Prince qui
n'a point iuré d'estre obeissant a Iesus Christ, n'y est
pas moins obligé qui s'il l'eust iuré : ne plus ne moins
qu'vn fils rebelle a son pere offense egalement soit
qu'il luy ait iuré obeissance soit qu'il n'ait point iuré ;
pource que c'est son obligation naturelle. Le com-
Psal.2: mandemét de baiser le fils que le Pere a establi Roy des
Rois oblige également les Rois autant payens que
Chrestiens. D'autre part qui doute que l'Empereur
Con-

Conſtantius, n'ait iuré a ſon entrée de garder la foy
Orthodoxe, & qu'il n'ait receu de ſon pere l'Empire a
ceſte condition? Ce neantmoins l'Eueſque Romain
ne l'a point arraché du troſne, ains il a oſté de ſon ſiege
l'Eueſque Romain. Que ſi la violation du ſerment fait
au ſacre eſt la cauſe pourquoy vn Prince Apoſtat doit
eſtre depoſé par le Pape, il s'enſujura que le Pape doit
auſſi depoſer vn Prince qui n'eſtant ni Apoſtat ni heretique neglige cependant de rendre iuſtice a ſon
peuple : car le ſerment de ſon ſacre porte cela auſſi,
qu'il rendra iuſtice a ſes ſujets : qui eſt ce que le Cardinal ne permet pas au Pape : auquel il oſe preſcrire
des nouuelles loix, & limiter ſa puiſſance, luy per-
mettant ſeulement de depoſer les Rois Chreſtiens de-
uenus Apoſtats, & non ceux qui ont touſjours eſté
payens : Ne ſe ſouuenant pas que le Pape a depoſé le
Roy du Peru Atabalippa, & donné ſon Royaume au
Roy d'Heſpagne, encores que ce pauure Roy n'euſt
iamais eſté autre que payen : & que ce ne fuſt pas là
le moyen de le conuertir : Luy meſme peu apres nous
dira que *quelque longue que ſoit la poſſeſſion du Turc es* Pag 77.
conqueſtes qu'il a faites ſur les Chreſtiens, il ne peut par au-
cun trait de temps acquerir aucun poulce de preſcription ſur
les Chreſtiens, c'eſt a dire qu'il eſt touſiours injuſte poſſeſſeur, & peut eſtre iuſtement depoſé : toutefois les
Empereurs Turcs depuis pluſieurs ſiecles n'ont point
eſté Chreſtiens. Que ſi on court les exemples des Rois
que les Papes ont oſé depoſer, a peine en trouuerés
vous vn dont on puiſſe dire qu'il ait fait vn ſerment
contraire au ſerment d'eſtre ſujet a Iesvs Christ, ou
qu'il

qu'il soit tombé en Apostasie.

Et certes tout bien consideré il est faux que le Roy de France ait esté receu par ses sujets a condition de seruir a IESVS CHRIST, veu qu'il estoit desia Roy auant son sacre, & auant auoir rien stipulé ni promis a ses sujets : estant chose certaine qu'en vn Royaume hereditaire la mort du Roy reuest en vn instant son successeur de la Royauté. N'est a propos de repliquer que le Roy a fait serment en la personne de ses predecesseurs.   Car les iuremens sont personnels, & nul ne peut iurer a Dieu que son fils ou son heretier sera homme de bien : bien peut il promettre d'exhorter de tout son pouuoir son successeur a la crainte de Dieu. Si les iuremens des peres sont bons, les enfans y sont obligés soit qu'ils iurent ou non : S'ils sont mauuais les enfans sont obligés a faire le contraire : S'ils sont de choses indifferentes, & qui deuiennent nuisibles, ou impossibles par le temps, les successeurs des Rois peuuent accommoder leurs Loix aux occasions presentes, & au bien de la Republique.

Toutes ces choses considerées me font dire que M. le Cardinal n'entend pas le sens, ni la nature du serment que son Roy fait en son sacre de defendre l'Eglise & de perseuerer en la foy Catholique. Car il ne faut pas penser que quand Clouis, aprés auoir regné quinze ans estant payen, se fit baptiser, qu'il se soit fait Chrestien a ceste condition que l'Eglise luy osteroit le Royaume, s'il luy aduenoit de se reuolter de la foy. Et quand mesme il eust fait ceste stipulation, il n'eust pas entendu que ceste deposition se deust faire par l'Euesque de Rome,

Rome, ains par ceux qui l'auoyent esleué au Royaume.
Mais la verité est que les Rois de France ne font point
de tels sermens ni stipulation auec leurs suiets. Que si
quelque Prince fait vn serment par lequel il parle ainsi,
Puisse ie perdre le regne ou la vie, si iamais ie vien a me re-
uolter de la religion Chrestienne, par ces mots il appelle
Dieu pour vengeur, & fait vne imprecation contre soy
mesme, mais ne submet point pour cela sa couronne
au Pape, ni a l'Eglise, ni au peuple.

L'inscriptió de la monnoye dont le Sr Cardinal parle
en passant, portant le nom de Christ, ne change point
la nature de la monnoye, qui est vne des marques de la
souueraineté du Prince. Ceste inscription est vn ad-
uertissement aux peuples qu'en obeissant au Roy, ils
obeissent a IESVS CHRIST, & que les autheurs de
ceste monnoye recognoissent IESVS CHRIST pour
leur Roy, & non vne profession que la Couronne de-
pende de l'Eglise, ou puisse estre ostée par le Pape,
comme nous voudroit persuader le Sr Cardinal, ren-
uersant les paroles de IESVS CHRIST qui se sert exprés de l'image empreinte en la monnoye pour prouuer non la suiettion mais la souueraineté de Cesar. Que
si le Prince se bande contre Dieu, il merite que Dieu
le priue de la vie eternelle, mais ce n'est ni au peuple,
ni au Pape de le priuer de son Royaume temporel.

· Monsieur le Cardinal adiouste que *ceux qui tiennent* _{Pag.76.}
que le Pape peut deposer les Rois, tiennent que ce commande-
ment de St Paul qui assuiettit toute ame aux puissances superi-
eures, estoit vn commandement fait par prouision & a
temps, iusqu'a ce que par l'accroissement de l'Eglise il fust en

K   *la*

*la puiſſance des Chreſtiens, ſans peril de l'eſtat, de s'empeſ-
cher de RECEVOIR autres Princes que Chreſtiens, ſuiuant la loy du Deuteronome. Tu te conſtitueras vn Roy d'entre tes freres.* Et voicy la raiſon ſur quoy ils ſe fondent.
C'eſt que S. Paul, 1. Corinth. 6. dit : *que c'eſtoit honte aux
Chreſtiens qu'ils fuſſent iugés aux cauſes qu'ils auoyent entre
eux, par les infideles, choſe que Iuſtinian conuertit depuis en
loy, quand il ordonna que nul ni payen ni heretique ne puiſſe
eſtre receu a l'adminiſtration de la republique.*

En ces paroles du Cardinal notés le mot de R E CE-
V O I R, par lequel il a changé dextrement la queſtion, en laquelle il ne s'agit pas de receuoir ou de s'eſtablir ou eſlire vn Prince, (ce qui ſe fait es lieux ou le
Royaume eſt electif) mais de luy obeir quand Dieu
l'a eſtabli & l'a donné par ſucceſſion hereditaire. Car ce
n'eſt pas au peuple de France d'auiourd'huy a qui il eſt
dit, *Tu te conſtitueras vn Roy,* puis que cela ne depend
pas de ſon chois. Ainſi ce paſſage n'eſt a propos non
plus que la loy de Iuſtinian. Car nous confeſſons volontiers qu'vn Prince Chreſtien doit auoir ſoing que
la iuſtice ne ſoit miſe en la main d'vn Magiſtrat infidele : mais il ne s'agit point icy d'vn Magiſtrat inferi-
eur, mais d'vn Souuerain, ni d'vn Magiſtrat choiſi par
la volonté du Prince, mais d'vn Prince Souuerain que
la nature & la ſucceſſion legitime a donné : duquel on
demande ſi le Pape qui ne l'a point inſtitué le peut de-
ſtituer, & luy oſter ce qu'il ne luy a point donné, ſous
ombre qu'il eſt accuſé d'hereſie, ou de ſtupidité, ou d'a-
uoir enfreint les priuileges des monaſteres, ou offenſé
Dieu en matiere de mariage.

Or

Or que ce commandement de l'Apoſtre qui aſſuiet-
tit toute ame aux puiſſances ſuperieures n'eſt point vn
commandement par prouiſion & a temps, il eſt clair,
parce que les raiſons ſur leſquelles il fonde ce commandement ſont neceſſaires en tout temps. Aſçauoir
pource *que les puiſſances ſont ordonnées de Dieu, & que
leur reſiſter eſt reſiſter a l'ordonnance de Dieu. Que le Magiſtrat porte l'eſpée pour faire iuſtice. Qu'il eſt neceſſaire de
luy obeir non ſeulement a cauſe de l'ire,* (c'eſt a dire de peur
d'eſtre puni) *mais auſſi a cauſe de la conſcience.* C'eſt donc
vn point de conſcience, & non vne loy faite par prudence humaine & pour s'accommoder au temps. Les
enſeignemens des Apoſtres qui concernent les
mœurs ne ſe changent point ſelon les ſaiſons. Parler
ainſi c'eſt faire deux grands maux. Car c'eſt ouurir la
porte a l'impieté & au renuerſement de toute l'Eſcriture, ſi ainſi eſt qu'il ſoit permis aux hommes de ſe perſuader que le commandement de Dieu n'eſt que prouiſionnel. L'autre mal eſt que par ce moyen les ſouf-
frances des Martyrs ſont renduës indignes du tiltre de
Martyre, s'ils ont cedé a la violence d'vne puiſſance ſuperieure infidele, non point pour obeir a vn commandement de Dieu neceſſaire & certain, mais a vn regle-
ment prouiſionnel & fait pour peu de temps. C'eſt
pourquoy M. le Cardinal n'a peu plaſtrer ſon fait auec
quelque couleur ſans falſifier l'Eſcriture Saincte, diſant
que S. Paul dit aux Corinthiens, que *c'eſt honte aux Chreſtiens d'eſtre iugés par iuges infideles.* Dont toutefois il ne
ſe trouuera rien en tout le paſſage. Car quand S. Paul
leur dit πρὸς ἐντροπὴν λέγω *ie le dis a voſtre honte,* il ne dit

pas que ce foit vne honte a vn fidele d'eftre iugé par vn infidele, mais il leur fait honte de ce que s'entre-plaidans ils portoyent leurs contentions deuant les iuges infideles. La honte eftoit a s'entremanger de procés, & a produire les vices des Chreftiens deuant les infideles, au fcandale de l'Eglife, & non a fubir le ioug auquel Dieu les auoit affujettis. C'eft donc vne fauffeté manifefte. Que fi vn Roy merite d'eftre depofé pour herefie, vn Cardinal ne merite il pas d'eftre depouillé pour fe iouer de l'Efcriture fainéte?

Cependant le lecteur equitable confiderera combien cefte doctrine eft preiudiciable aux Chreftiens qui viuent fous vn Prince infidele ou heretique: Car fi l'Empereur Turc venoit à fçauoir qu'entre les Chreftiens qui viuent fous fon Empire le commandement de Dieu d'obeir aux Princes qu'ils appellent infideles, n'eft qu'vn commandement prouifionnel & a temps, & en attendant l'occafion de fecouër le ioug, il les auroit incontinent exterminés. Que fi vous ioignés a cela ce que le Sr Cardinal a dit cy deffus, afçauoir que quelque longue que foit la poffeffion du Turc es conqueftes qu'il a faites fur les Chreftiens il ne peut par aucun traiét de temps acquerir vn feul poulce de prefcription vous trouuerés qu'il enfeigne les Empereurs Turcs a fe deffier de leurs fuiets Chreftiens, & a vfer enuers eux de toute forte de cruauté. Tellement que les poures Chreftiens Grecs & Syriens luy ont bien peu d'obligation. Et pour parler de moy mefme & de mes fujets Papiftes qui m'appellent heretique, le Cardinal par cefte doctrine ne m'incite il pas contre mon inclination

clination a changer ma clemence en rigueur, puis
que par la doctrine du Cardinal ils font enfeignés a
ne m'eftre fujets que par prouifion & en attendant
l'occafion de me perdre & de me ruiner? Veu mefme
que le Cardinal met les Turcs, infideles, & heretiques
en mefme rang, voire rend les heretiques pires & plus
iuftement depofables, comme ayans violé leur ferment? Voicy donc comme ie fuis traitté. Ie fuis ac-
couplé auec les infideles, voire eftimé pire, & tenu
pour vn vfurpateur de mes Royaumes, auquel les fujets doiuent rendre par prouifion vne obeiffance
forcée, iufqu'a ce qu'ils ayent le moyen de fecouër le
ioug, & m'ofter la couronne, laquelle ne me peut eftre
arrachée qu'auec la vie.

Quant aux guerres que les François, Anglois &
Alemans alloyent faire en Ierufalem, l'iffuë a monftré
que Dieu ne les auoit pas agreables. C'eftoit vn
moyen dont le Pape fe feruoit pour vfurper la domination fur les Royaumes. Car tout François, Anglois,
ou Alemand qui fe croifoit deuenoit fujet du Pape, les
voleurs, adulteres, meurtriers, & perfonnes chargées
de debtes, fi toft qu'ils s'eftoyent croifés & auoyent
fait voeu de faire voyage en Leuant, eftoient exempts
du bras feculier, & eftoyent iugés en court Ecclefiaftique. Alors au commandement du Pape vn pays
fe vuidoit de nobleffe & de gens de guerre, pour s'aller
faire tuer par les Sarrafins fans aucun profit. Alors
la nobleffe eftoit contrainte de vendre fes terres aux
gens d'Eglife a non prix, dont eft venuë vne bonne
partie des biens des Ecclefiaftiques. Alors le Pape
K 3

donnoit

donnoit a tout homme qui feroit ce voyage la remiſſion de tous ſes pechez, & outre cela vn degré de
gloire en paradis par deſſus le commun. La vertu mi-
litaire eſt louäble, pourueu qu'elle ſerue a la iuſtice, &
que la generoſité des eſprits belliqueux ne ſoit cir-
conuenuë par vn artifice Italien.

*Voyez la Bulle
d' Innocent III.
qui eſt au bout
du Concile de
Latran.*

En tout ce diſcours remarqués la prudence de M.
le Cardinal, qui s'eſt contenté de produire en ſa harangue quelques paſſages de l'Eſcriture qu'il a triés
& choiſis comme plus ſpecieux, & rejetté vne multi-
tude de paſſages ſur leſquels les Papes & leurs principaux defenſeurs appuyent ſa puiſſance a depoſer les
Rois, & a diſpoſer des choſes temporelles. Comme
ſont ceux cy. Que *S. Piere a dit a Ieſus Chriſt voicy deux
glaiues, & que Ieſus Chriſt a reſpondu c'eſt aſſés.* Que Ieſus
Chriſt a dit a S. Pierre, *remets ton couteau en ta gaigne.* Que
Dieu dit a Ieremie, *Ie t'ay eſtabli ſur nations & Royaumes.*
Que S. Paul 1. Cor. 2. dit que *l'homme ſpirituel iuge de
toutes choſes.* Que Ieſus Chriſt a dit aux Apoſtres, *tout
ce que vous aurés deſlié &c.* Donc le Pape peut deſlier
les ſermens de fidelité. *Qu'au commencement Dieu a crée
le ciel & la terre.* Sur leſquels paſſages le Pape Boniface VIII. en ſon Extrauagante *Vnam Sanctam* appuye
ſa puiſſance temporelle, eſtant alors aux priſes auec
Philippe le Bel. D'autres en baillent d'auſſi bonnes,
Qu'il eſt eſcrit *toutes choſes me ſont données de mon pere,
& toute puiſſance m'eſt donne au ciel & en la terre.* Item,
ſi tu nous iettes hors enuoye nous en ce troupeau de porcs.
Que Ieſus Chriſt a dit a ſes diſciples, *Vous trouuerés vn
poulain d'aſneſſe attaché, deſliés le & me l'amenés,* Car ces

paſſages

paſſages monſtrent que Ieſus Chriſt diſpoſoit des choſes temporelles, & pourquoy non auſſi ſon vicaire? Ceux qui ſuyuét ſont fort exprés: Au Pſeaume 45. il eſt dit. *Pour tes peres, des enfans te ſont nés, que tu eſtabliras Rois ſur toute la terre*: Item *Ieſus Chriſt n'a pas ſeulement commandé a S. Pierre de paiſtre ſes agneaux: mais auſſi luy a dit tuë & mange*: qui eſt de l'inuention de Baronius. Au 12. de S. Iehan il eſt eſcrit, *Si ie ſuis exalté, i'attireray toutes choſes a moy*. Qui empeſche que cela ne conuienne au Pape? Et S. Paul dit aux Corinthiens, *Ne ſçaués vous pas que nous iugerons les Anges, combien plus les choſes ſeculieres?* Et peu apres: *N'auons nous point puiſſance de manger?* Qui ſont les paſſages ſur leſquels depuis trois ou quatre cens ans on s'efforce d'appuyer la monarchie temporelle de ſa Sainéteté: que M. le Cardinal n'a oſé employer depeur de faire rire l'aſſemblée, Combien que ſon argument tiré de la ladrerie, n'a pas meilleure grace.

Que ſi nous comparons Ieſus Chriſt payant le tribut a Ceſar, auec le Pape qui ſe fait payer le tribut par Ceſar. Ieſus Chriſt conſeillant les Iuifs de payer le tribut a vn Empereur payen, auec le Pape qui diſpenſe les ſujets de l'obeiſſance des Empereurs Chreſtiens. Ieſus Chriſt refuſant d'eſtre arbitre de la diuiſion d'vn heritage entre deux particuliers, auec le Pape s'ingerant a eſtre iuge abſolu de la depoſition dés Rois. Ieſus Chriſt diſant que ſon regne n'eſt point de ce monde, auec le Pape qui s'eſt eſtabli vn Empire mondain. Les Apoſtres laiſſans leurs biens pour ſuiure Ieſus Chriſt, auec le Pape rauiſſant le bien d'autruy.

truy. Les Apoſtres perſecutés par les Empereurs, auec le Pape mettant le pied ſur la gorge aux Empereurs & frappant du pied la couronne Imperiale : il ſera aiſé de recognoiſtre que M. le Cardinal allegue l'Eſcriture en faueur de ſon Maiſtre plus pour ſe moquer de Ieſus Chriſt que pour inſtruire ſon auditoire. Ce que luy meſme recognoiſt aſſés clairement, quand aprés auoir produit force paſſages de l'Eſcriture, & des nouueaux docteurs, pour la puiſſance du Pape a dépoſer les Rois, au bout de tout cela il confeſſe que ceſte queſtion n'eſt decidée par l'Eſcriture, ni par l'antiquité, deſtruiſant en vn mot tout ce qu'il a fait, & deſcouurant le trouble de ſa conſcience.

Reſte encores vne obiection que M. le Cardinal taſche de ſouldre. Voicy ſés mots, *Les champions de la negatiue recourent a l'analogie des autres pratiques de l'Egliſe, & diſent que pour hereſie les maiſtres ne ſont point priués de leurs biens, & par conſequent que beaucoup moins les Princes le doiuent eſtre de leurs eſtats.* A cela il fait reſpondre ceux qui ſont pour la depoſition des Rois, qu'en France on ſuſpend pour la conſeruation de la paix & tranquillité publique l'execution des loix decernées contre les heretiques : ailleurs il dit que c'eſt a cauſe de leur nombre, & pource qu'ils ſont vne partie notable de l'eſtat. I'eſtime que c'eſt par charité qu'il aduertit ceux qu'il appelle heretiques du traittement qu'ils receuront, puis qu'il dit que l'excution des loix n'eſt que ſuſpenduë car les ſuſpenſions ne ſont qu'a temps. En quoy ie me promets que le Roy de France mon frere, vſera d'autre conſeil, & cherchera pluſtoſt

l'amitié

Pag. 85.
Pag. 84.

l'amitié de ſes voiſins, & la paix de ſon Royaume : ſe
ſouuenant que ceux de ſon Royaume qui ſont d'autre
Religion que luy ſont ceux qui ont ſauué la couronne au Roy ſon pere de treſglorieuſe memoire : &
conſidérera qu'ils ne ſont ſemblables a mes ſujets
Catholiques Romains qui attentent a ma vie, & qui
ont vn autre Souuerain hors de mon Royaume qui
par lettres expreſſes leur defend de me preſter ſerment de fidelité : & qui par les maximes qu'on ſouſtient a Paris en pleins Eſtats en faueur du Pape, ſont obligés de croire que ie ne ſuis pas Roy legitime : eſtants
inſtruits a croire que le commandement de l'Apoſtre
d'eſtre ſujet aux puiſſances ſuperieures contraires a
leur Religion n'eſt qu'vn commandement prouiſio-
nel & a temps en attendant l'occaſion de ſecouër le
ioug : enuers leſquels neantmoins i'vſe de clemence,
imputant leur erreur a maladie d'eſprit, combien
qu'en effect ce ſoit vn crime de leze Majeſté.   Mon
dit frere conſiderera auſſi quelle obligation il a au Sr
Cardinal.   Car ceux de la religion ſont profeſſion de
deuoir leur conſeruation, apres Dieu, a la prudence
& bonté de leurs ſouuerains : mais voicy vn Prelat qui
leur veult oſter ceſte croyance, & leur dit ouuertement
qu'ils doiuent leur conſeruation á leur nombre & a la
crainte qu'on a de troubler l'eſtat.

   Il adiouſte que *s'il venoit vne troiſieſme ſecte en
France, qu'on priueroit ceux qui en feroyent profeſſion de
leurs biens & de leur vie. Comme il s'eſt pratiqué a Geneue
contre Seruet & en Angleterre contre les Arriens, &c.*
Ie reſpons que les punitions des heretiques deuë-

Notes qu'il ap-
pelle l'Egliſe
Romaine vne
ſecte.

L

ment

ment conuaincus se font par l'ordonnance du Magistrat du pays & non par l'ordonnance du Pape.
I'adjouste qu'il n'y a nulle raison d'egaler les Eglises
reformées a Seruet & aux Ariens, pource que tels heretiques ont esté condamnés & conuaincus par la parole de Dieu, & par les anciens Conciles vniuersels,
ou ils ont eux mesmes plaidé leur cause : mais la religion dont moy & eux faisons profession n'a esté
iugée en aucun Concile ou nous ayons esté ouys :
& quelque Concile qu'on nous ait proposé, ç'a tousiours esté en presupposant que le Pape qui est partie
en ceste cause y doit estre iuge : & en vn lieu ou il n'y
auoit nul seur accés, & auec des personnes qui tiennent
ceste reigle, & l'ont pratiquée enuers Iehan Hus &
Hierosme de Prague, qu'on n'est point tenu de garder
la foy aux heretiques.

Pour donc reuenir a nostre propos, ie dis que puis
que le Pape n'a encor entrepris de prononcer sur vn
particulier François acause de l'heresie pretenduë aucune sentence de confiscation de terres ou de spoliation
de ses biens, pourquoy entreprendra il de deposseder
les Rois de leur Royaumes ? pourquoy entreprend il
sur les Rois plus que sur les particuliers ? pourquoy les
Rois personnes sacrées seront ils plus rudement trait-
tés que les moindres du peuple ? A cela le Cardinal
au lieu de respondre directement nous allegue hors de
propos des exemples d'heretiques punis non par le
Pape, mais par le Magistrat du pays. Bellarmin y va
auec plus de franchise, car au 27. chap. contre Barklay
il soustient absolument que le Pape peut disposer de

tout

tout le temporel du monde. *I'afferme* (dit il) *auec af-feurance que noſtre Seigneur Ieſus du temps qu'il eſtoit mor-tel, pouuoit diſpoſer de toutes les choſes temporelles, & pri-uer les Rois & Princes de leurs Royaumes & Seigneuries. & qu'il a ſans doute laiſſé la meſme puiſſance a ſon vicaire pour s'en ſeruir quand il iugera eſtre neceſſaire pour le ſalut des ames.* Par ce moyen il n'excepte rien, car on ſçait que Ieſus Chriſt pouuoit auſſi bien diſpoſer des poſſeſſions des particuliers que des Royaumes entiers, s'il euſt voulu deſployer ſa puiſſance. Le Pape donc a la meſme puiſſance. Le Concile de Latran dernier en la ix. Seſ-ſion condamne vn Laique blaſphemateur, s'il eſt gen-tilhomme, a 2 5. ducats pour la premiere fois, & pour la ſeconde a 50. preſuppoſant que l'Egliſe peut fouiller en la bourſe des particuliers & diſpoſer de leurs biens. Le Concile de Trente en la Seſſion 25. chap. 19. * or-donnant que tous les Rois, Princes & Seigneurs des villes, chaſteaux & terres qui reléuent de l'Egliſe ſoy-ent priués deſdictes terres & Seigneuries, s'il leur ad-uient de permettre qu'on y face vn duel, & que les autres fiefs eſquels pareille faute ſera commiſe ſoy-ent incontinent acquis a leur Seigneur direct, & que tout le bien de ceux qui ſe feront battus, & de leurs parreins ſoit confiſqué, preſuppoſe neceſſairement que l'Egliſe peut diſpoſer de toutes les terres & fiefs dela Chreſtienté, puis qu'elle peut oſter a l'vn & donner a l'autre tous fiefs, tant ceux qui releuent de l'Egliſe, que ceux qui reléuent des Seigneurs ſeculiers, & or-donner de la confiſcation du bien de tous les particu-liers. Selon ce Canon le Royaume de Naples peut

eſtre

*Imperator, Re-ges, Duces, &c. qui locum ad Monomachiam in terris ſuis in-ter Chriſtianos conceſcerint, eo ipſo ſint excom-municati, ac iu-riſdictione & dominio ciuita-tis, caſtri, aut lo-ci, in quo vel a-pud quem duel-lum fieri permi-ſerint quod ab Eccleſia obti-nent priuati in-telligantur: & ſi feudalia ſint di-rectis dominis ſtatim acquiran-tur. Qui vero pugnam com-miſerint & qui eorum Patrini vocantur, ex-communicatio-nis, ac omnium bonorum pro-ſcriptionis pœ-nam incurrant.

eſtre confiſqué a l'Egliſe de Rome pour vn duel, puis
que ce Royaume reléue de l'Egliſe, & eſt vn fief de l'E-
gliſe Romaine. Et n'y a terre en France que le Pape ne
puiſſe faire changer de main par ce moyen. De ſorte
que Monſieur le Cardinal au lieu de chercher tant de
ſubterfuges, euſt mieux fait de ſouſtenir que le Pape
peut diſpoſer auſſi bien des poſſeſſions des particuliers,
que des Royaumes. Car auſſi il n'y a point d'apparence de donner au Pape la puiſſance de diſpoſer du
tout & non des parties : D'vne foreſt & non des ar-
bres : Du contenant & non du contenu.

Il allegue vne autre raiſon qui ne vault pas mieux. *Il
y a* (dit il) *grande difference entre le pouuoir que les maiſtres
ont ſur les biens, & celuy que les Princes ont ſur leurs Eſtats.
Car les biens ſont faits pour les Maiſtres mais les Princes ſont
faits pour leurs eſtats.* A quoy ie dis, que ſi ceſte raiſon
eſt bonne pour prouuer qu'on peut iuſtement pour
hereſie priuer vn Roy de ſon Royaume, mais non depoſſeder vn particulier de ſa maiſon, il faudra auſſi dire qu'on peut iuſtement pour la meſme cauſe priuer vn
pere de la puiſſance ſur ſes enfans, mais non priuer vn
maiſtre de ſon bien : pource que les biens ſont faits
pour les maiſtres, mais le pere eſt fait pour le bien de ſes
enfans. Et eſt certain que la place de Dieu que les
Rois repreſentent les affermit beaucoup plus en la poſſeſſion de leurs eſtats, que les particuliers en la poſſeſſion de leurs heritages, leſquels on voit changer de main
tous les iours pour cauſes legeres : Mais vn Prince ne
peut eſtre depouillé de ſon Royaume ſans vn boule-
uerſement de l'Eſtat, qui enueloppe grand nombre de
parti-

particuliers, comme arbrisseaux brisés sous la ruine
d'vn grand chesne. Et quand mesme ceste raison auroit quelque poids, si estce que oultre le Royaume le
Roy possede les biens & terres du Domaine pour lesquelles on ne peut dire que le Roy soit fait, lesquelles
neantmoins il perd auec la couronne. Ioint que si ceste
raison est bonne pour rendre les Rois plus aisément
deposables, il ne s'ensuiura pas pour cela que ceste deposition se doiue faire par le Pape, qui ne peut oster ce
qu'il n'a point donné.

Voicy encores vne difference qu'il met entre le
Royaume, & les biens des particuliers. *Les biens* (dit il)
n'ont point d'ame & ne peuuent estre contraints par la force ou
par l'exemple, ou par l'induction de leurs maistres a perdre la
vie eternelle, comme les sujets le peuuent estre par leurs Prin-
ces. Ie respons qu'vn Maistre & vn pere heretiques
ont beaucoup plus de puissance a seduire leurs seruiteurs & enfans, qu'vn Prince n'en à seduire ses sujets, &
neantmoins on n'oste point les enfans aux peres ni les
seruiteurs aux Maistres acause de la Religion. Les Histoires sont pleines d'exemples de belles Eglises sous vn
Prince de contraire Religion. Que si les choses inani-
mées doiuent estre plus aisement laissées en la puissance d'vn heretique, il faut donc laisser au Roy heretique sa couronne, sa charge, sa terre, ses tailles & im-
posts, car ces choses n'ont point d'ame : Et n'y aura
point de mal a laisser vne espée a vn furieux, car vne
espée n'a point d'ame. Quant a moy i'estimerois que la
possession des choses irraisonnables est plus pernici-
euse en la main d'vn mauuais Maistre, que d'vne chose

L 3

animée

animée & raisonnable. Pource que les choses inani-
mées n'ont point de raison ny de iugement pour s'ex-
empter de seruir a mal faire. Ie confesse voirement
qu'vn Prince heretique est pernicieux aux ames de ses
sujets : Mais il ne faut pas euiter vn mal par vn pire· on
ne doit obuier a l'erreur par la deloyauté, ni a l'heresie
par la sedition & rebellion contre Dieu & son Roy.
Dieu qui esprouue & exerce son Eglise ne l'abandon-
nera point, & n'a besoing d'estre aidé par la deloyauté
des mauuais Chrestiens pour defendre son Eglise, laquelle il fait ressembler au buisson ardent, faisant qu'elle
ne se consume point au milieu du feu des persecutions,
pource que Dieu est au milieu d'elle. Que si la rebellion des François contre leur Roy estoit iuste, il ne s'en-
suiuroit point qu'elle se deust faire par le commandement du Pape, qui ne doit se mesler des affaires des
Royaumes. C'est la tout le discours du Sr du Perron
sur le deuxiesme inconuenient, lequel il clost par ceste
confession, que ce point n'est point decidé par l'Escriture, ni par l'antiquité : Dont il infere que c'est vn opprobre, & vn scandale, & vne porte ouuerte aux here-
sies, que des Laïques s'ingerent a conuertir ceste doctrine en article de Foy. Mais moy ie dis que c'est vn
opprobre, vn scandale, & vn crime de rebellion a vn
sujet, aprés tant de bienfaits receus, durant l'aage ten-
dre de son Roy, le sang de son pere estant encores
chaud, sur le point de l'acheminement de deux mariages d'Espagne, en vne si celebre assemblée, vouloir as-
seruir la couronne de son Roy, & parler des causes de
sa deposition : & se dédire soy mesme honteusement en

sa

sa vieilleſſe, & ſe mettre ſoy meſme en prouerbe d'eſtre martyr problematique, en s'offrant au martyre pour vn point qu'il n'a traitté que problematiquement, & auquel il dit que le Pape permet aux François de tenir le contraire de ce qu'il en a iugé, pourueu qu'ils le tiennent pour problematique & non neceſſaire.

EXAMEN DV TROISIEME
INCONVENIENT.

LE troiſieme Inconuenient que M. le Cardinal pre- *Paz.87.* tend naiſtre de la reception de l'article du tiers eſtat, eſt *qu'il cauſeroit vn ſciſme euident & ineuitable contre le Pape & tout le reſte du corps de l'Egliſe pource que ce ſeroit declarer impie & deteſtable vne doctrine que le Pape & le reſte de l'Egliſe approuue, & par conſequent croire que le Pape & tout le reſte de l'Egliſe erre en la foy es choſes appartenantes a ſalut :* Et là deſſus il s'eſtend en amplifications contre les ſchiſmes & autheurs des ſchiſmes.

Parler ainſi c'eſt, comme on dit, faire le loup plus grand qu'il n'eſt. Monſieur le Cardinal s'abuſe s'il croit que les autres nations ſe deuſſent ſeparer de la communion des François, pour ſouſtenir que le Pape ne peut depoſer les Rois : car tout ſchiſme emporte auec ſoy ſeparation de communion. La tresilluſtre Republique de Veniſe a debatu ceſte queſtion contre le Pape & l'a emporté, ce neantmoins les Venitiens ne laiſſent pas de participer auec leurs voiſins aux meſmes ſacremens, & ne viuent point en ſchiſme auec le reſte de l'Egliſe Romaine. Le Cardinal du Perron quand il eſtoit du

coſté

cofté du Roy contre les vfurpations temporelles du
Pape n'eftimoit pas pour cela les autres Eglifes eftre
fcifmatiques ni membres de l'Antechrift, & luy mefme
nous dira cy aprés que le Pape permet aux François
de tenir cefte queftion pour problematique : or iamais
le Pape ne iugera les perfonnes fchifmatiques, pour diffentir de luy en vn point qu'il permet de tenir pour
problematique. Voire mefme le Roy d'Efpagne qui eft
tenu pour le bras droit des Papes, n'a iamais fait aucun acte ni declaration par laquelle il fe recognoiffe
depofable par le Pape en cas d'herefie, ou de Tyrannie,
ou de ftupidité. Mais fçachant bien que le Pape le
craint plus qu'il ne craint le Pape, il ne s'efmeut point
de cefte queftion. Ce neantmoins il n'a point craint
de faire condamner & interdire en fon Royaume le
liure du Cardinal Baronius, qui fait le Royaume de
Naples n'eftre point vn Royaume, mais vn fief de
l'Eglife Romaine. Dont le Pape ne s'eft pas plaint, &
ne l'a point declaré fchifmatique, fe referuant a faire va-
loir cefte doctrine lors que le Royaume d'Efpagne
fera troublé & qu'il pourra offenfer le Roy d'Efpagne
fans danger. Et M. le Cardinal eft trop experimenté en
l'humeur & inclination des peuples de la Chreftienté,
pour ignorer qu'a Rome mefme & en Efpagne plufieurs fe moquent ou fe defpitent quand ils oyent parler de la puiffance du Pape fur les couronnes des Rois.
Principalement depuis que la Republique de Venife
luy a fait perdre fon procés.

    Il n'auoit donc que faire d'exaggerer l'horreur des
fchifmes, chafcun fçait quel crime c'eft de diuifer non

le

le faye de IESVS CHRIST, mais fon corps qui eft l'Eglife:mais auffi il ne faut pas faire peur d'vn fchifme, ou il n'y en a ni apparence ni poffibilité.

Au fchifme Monfieur le Cardinal adjoufte l'herefie, difant *que cet article nous precipite en vne herefie euidente,* Pag.89. *nous obligeât de confeffer que l'Eglife Catholique eft perie depuis plufieurs fiecles en la terre. Car fi ceux qui tiennent la doctrine oppofite tiennent cefte opinion contraire a la parole de Dieu, impie & deteftable, le Pape donc depuis tant de fiecles n'a point efté chef de l'Eglife, mais heretique & Antechrift. Adjoufte, que l'Eglife aura perdu le tiltre de Catholique & ne fera pas mefme demeurée en France, puis que tous les docteurs François depuis tant de fiecles ont tenu le contraire. Que c'eft le plus grand trophée qu'on puiffe eriger aux heretiques, que d'auouër que le Royaume vifible de CHRIST foit peri de la terre, & que depuis tant de fiecles il n'y ait eu ni temple de Dieu, ni efpoufe de CHRIST, mais par tout le regne de l'Antechrift, la fynagogue de Satan, & l'efpoufe du diable. Et quelles plus fortes machines peuuent ils defirer pour renuerfer la tranfubftantiation, la confeffion auriculaire, &c. que de dire que l'Eglife qui les a decidées les a decidées fans authorité? &c.*

En tout cela il me femble que M. le Cardinal fle- Pag.83. ftrit fon Eglife & denigre fa religion. Car elle eft fort aifée a efbranler, fi par l'eftabliffement de cet article elle tombe entierement, & deuient la Synagogue de Satan. Cela mefme rend les Rois bien fort miferables, s'ils ne peuuent eftre recogneus Souuerains & indepofables fans ruiner l'Eglife, & fans tenir que le Pape auquel ils feruent eft l'Antechrift. Luy mefme ne le

M

croit

croit pas.   Veu qu'il nous dit que c'eſt vn article qui
n'eſt decidé par l'Eſcriture, ni par l'ancienne Egliſe. Et
que le Pape permet a quelques François de tenir en ce
point vne opinion contraire a la ſienne, pourueu qu'ils
ne la tiennent que pour problematique & non neceſſaire. L'aſſeurance que le Pape n'eſt point l'Antechriſt,
& que l'Egliſe Romaine n'eſt point la Synagogue de
Satan depend elle d'vn point non decidé par l'Eſcriture, ni par les anciens, & ou le Pape permet d'auoir
vne opinion problematique ? Nous auous veu cy deſſus que non ſeulement la parole de Dieu dont on fait
peu de cas, & toute l'antiquité, mais meſme l'Egliſe
Gallicane, au temps que la puiſſance du Pape eſtoit au
comble, a touſjours reſiſté vertueuſement a ceſte opinion de la depoſition des Rois par les Papes, & toutefois elle n'a point creu pour cela que l'Egliſe fuſt perie
de la terre. Ceux qui tiennent que le Pape eſt ſouuerain es matieres de la foy, ne ſe tiennent pas pour cela
obligés a croire le Pape en ce point, pource qu'ils n'eſti-
ment pas que ce ſoit vn point de la foy, mais vn point
d'eſtat & vne colomne de la Monarchie temporelle du
Pape, lequel en telles matieres n'apoint de promeſſe de
Dieu de ne pouuoir errer. Car ils tiennent que l'erreur
ne peut grimper en ce ſiege tant eſleué, mais que l'ambition y peut monter : & qu'en vn point ſi fructueux
pour le Pape & qui le rend Roy des Rois, & diſtribu-
teur de couronnes, il n'eſt point raiſonnable que luy
meſme ſoit iuge. Bref il faut vn eſprit bien hebeté pour
ſe perſuader qu'on ne peut paruenir au Royaume des
cieux en croyant que le Pape n'a nul droit de déthroſ-

ner

ner les Rois, & donner & oſter les couronnes.

Voicy bien pis: car il ſemble que ceux qu'il appelle heretiques l'ayent gaigné pour plaider leur cauſe, & qu'en leur faueur il vſe de preuarication, en diſant que par l'eſtabliſſement de cet article eſt renuerſée la tranſſubſtantiation & la confeſſion auriculaire. Car voicy ſa raiſon. C'eſt que les articles de la puiſſance du Pape a depoſer les Rois, & de la Tranſſubſtantiation, & de la confeſſion auriculaire ſont fondés ſur meſme authorité : Or il confeſſe que l'article de la puiſſance du Pape a depoſer les Rois, n'eſt point decidé par l'Eſcriture Sainɛte, ni par l'Egliſe ancienne, mais par l'authorité des Papes & conciles depuis quelques ſiecles. De là il infere auec bonne raiſon , qu'inualider ce point eſt auſſi eſbranler la tranſſubſtantiation, & la confeſſion auriculaire; Il confeſſe donc que ces points auſſi ne ſont non plus decidés par l'Eſcriture Sainɛte ni par l'antiquité : car s'ils l'eſtoyent le renuerſement de la puiſſance du Pape a depoſer les Rois n'eſbranleroit point des points fondés en vne plus grande & plus ancienne authorité. Ie ſçay qu'en parlant ainſi il n'euitera point le ſoupçon qu'il retient encores quelque choſe de l'inſtruɛtion de ſon pere qui a eu l'honneur d'eſtre Miniſtre du S. Euangile.

Cependant il ne procede pas auec ſincerité contre ceux qu'il appelle heretiques, leur faiſant accroire qu'ils combattent pour l'inuiſibilité de l'Egliſe. Cela n'eſt point. Ains ils recognoiſſent vne Egliſe viſible. Car encores que l'aſſemblée des eſleus ſoit vn corps qui ne ſe peut diſcerner a l'œil, ſi eſtce que nous tenons

M 2

qu'il

qu'il y a eu tousjours vne Eglise visible au monde, mais visible a ceux qui en sont : Ceux de dehors voyent bien des hommes, mais ne voyent pas qu'ils soyent la vraye Eglise. Nous tenons aussi que l'Eglise vniuerselle visible est composée de plusieurs Eglises particulieres, dont les vnes sont plus pures que les autres, & qu'il n'aduient pas tousjours que les plus pures soyent les plus grandes & les plus visibles.

EXAMEN DV QVATRIEME ET DERNIER INCONVENIENT.

AVant que d'entrer au dernier inconuenient qui naist de la reception de l'article du tiers estat, il fait vne preface touchant sa vie passe, & touchant le seruice qu'il a rendu aux Rois Henry III. & Henry IV. De cestuy cy il parle ainsi. *Ie le ramenay par la grace de Dieu, ou la grace de Dieu par moy, a la religion Catholique : i'obtins son absolution a Rome du Pape Clement VIII. & le reconciliay auec le S. Siege.* Quant au premier de ces deux points, le temps & les occasions, & la necessité des affaires du susdit Roy monstrent asés qu'il a esté meu a ce changement par d'autres raisons que de Theologie, plus fortes que la Rhetorique de M. le Cardinal : on sçait aussi qu'en telles matieres, aprés les resolutions prises on prend instruction par formalité. Et quant a son absolution qu'il dit auoir obtenuë de de Clement VIII. il deuoit pour l'honneur du Roy & du Royaume, & pour le sien propre enseuelir cela sous vne oubliance eternelle : car en ceste reconcilia-

tion

tion on sçait comme il proftitua la dignité de son Roy,
ayant receu des battures & coups de gaulle couché par
terre, par penitence, representant la personne du Roy:
comme i'ay desia noté en la preface de mon apologie.
Laquelle fleftrisseure il pleut a sa Saincteté de recom-
penser par quelques graces spirituelles, en donnant au
S. Euesque d'Eureux vne quantité de grains benits
croisettes & medailles, lesquelles quiconques baise-
roit gaigneroit cent ans de vray pardon. Ce qui ser-
uit au susdit Roy d'vne grandissime consolation. Au
surplus il n'a gueres bonne grace de dire qu'il a obtenu
du Pape l'absolution du Roy. Car feu Monsieur le Duc
de Neuers auoit peu auparauant fait le voyage a
mesme fin, mais fut renuoyé sans rien faire, pource
que les affaires du Roy sembloyent deplorées. Mais si
toft que le Pape euft sceu qu'il commençoit a prospe-
rer, & que les affaires de la ligue s'en alloyent décou-
suës, & que les meilleures villes de la France traittoy-
ent auec le Roy, alors le S. Esprit luy suggera de receuoir augiron de l'Eglise la brebis egarée. De peur que
la France irritée de l'opiniaftreté de sa Saincteté ne
vint en fin a faire ce dont elle l'a souuent menacé : asçauoir de faire vn Patriarche de l'Eglise Gallicane.
Que si M. le Cardinal veult mettre la main sur la conscience, il confessera qu'auant que partir de France il
eftoit asseuré de l'issuë de son voyage.

Aprés donc auoir appriuoisé l'auditeur par cefte Preface, il monftre que cet article du tiers eftat par vn mef-
lange des choses contentieuses auec les certaines, rend
le remede qu'on veult apporter au peril des Rois inu-

M 3

tile

tile & infructueux. Sa raison est que pour remedier
aux parricides, il faut des anathemes, & des peines qui
s'executent aprés la mort, lesquelles pour estre creuës
auec certitude doiuent sortir d'vne authorité infailli-
ble. Que nul n'aura ceste certitude, si en cet anatheme
on mesle des choses non contestées auec des contestées, & dont l'Eglise vniuerselle ne conuient pas.
Par les choses non contestées entendant la defense de
tuer les Rois· & par les contestées, la declaration que
le Pape ne peut deposer les Rois.

Tout ce discours n'est point vn argument ni vne
preuue, mais seulement vn conseil, auquel ie respons
que si en cet article du tiers estat il y a quelque chose
dont on ne conuient pas, ceste doute vient des Papes,
& de leurs flatteurs, qui luy ont osté la certitude, laquelle il faut luy rendre par authorité publique. Le
moyen de rendre la certitude a vne chose dont quelques vns doutent contre raison, est de la ioindre auec
d'autres certaines de mesme nature.

Icy ie ne puis que ie ne somme les consciences de
s'arrester vn peu en cet endroit & considerer auec moy
combien grande est la force de la verité. Car M. le
Cardinal confesse que ces deux points, asçauoir si on
peut iustement assasiner les Rois, & si le Pape les peut
deposer, sont choses si iointes que douter de l'vn fait
douter de l'autre. En quoy il touche vrayement la
source du mal, & la vraye cause des parricides des Rois.
Car quiconques croira que le Pape ne peut deposer
les Rois, croira auec pareille certitude qu'il n'est loisi-
ble de les assassiner, puis que les tueurs de Rois en ce

faisant

faifant cuident faire feruice a fa Sainéteté. Il faut donc
tenir fermement cefte maxime, que les Rois ne peuuent de droit eftre depofés par le Pape, fi on veult que
la vie des Rois foit affeurée.

Cela mefme eft confermé par ce que le Sr Cardinal
adjoufte, *Que fi les monftres infernaux qui ont attenté a la*
vie de nos deux derniers Rois euffent leu les loix Ecclefiafti-
ques, ils euffent trouué leur damnation expreffe dedans le Con-
cile de Conftance. Car par ces paroles il condamne le
Pape qui au commencement des guerres de la ligue,
au lieu de faire publier ces loix Ecclefiaftiques, a vfé
de foudres dont la mort du Roy s'en eft enfuiuie. Il
condamne auffi le Clergé qui au lieu de prefcher ces
loix Ecelefiaftiques qui defendent de tuer les Rois
prefchoit la rebellion, & quand le peuple venoit
verfer fes confeffions es oreilles des preftres, les preftres en contrefchange verfoyent le fang dans l'oreille
du peuple : dont font arriuées les guerres & la mort
du Roy.

Mais encores voyons quelles font ces loix Ecclefiaftiques qui defendent aux fujets de tuer ou affaffiner
leurs Rois : Monfieur le Cardinal nous baille pour
toutes loix le Concile de Conftance : lequel toutefois
n'en parle point du tout : Voicy la verité de l'hiftoire.
Iehan Duc de Bourgongne ayant fait affaffiner a Paris
Louys Duc d'Orleans, voulut faire trouuer bonne fon
action, & mit en auant vn certain Maiftre Iehan Petit,
qui propofa neuf propofitions en l'Vniuerfité de Paris, contenantes en fomme qu'il eft loifible, jufte, &
honorable a tout fujet, & homme particulier, par em-

bufches,

bufches, & par toute autre voye de fait, de tuer vn Tyran qui machine contre fon Roy & fes fuperieurs, &
que le Roy doit recompenfer celuy qui auroit tué vn
tel, comme vn qui a tué vne perfonne infidele a fon
Roy. Les mots de la premiere propofition font. *Il eft*
permis a tout fujet fans en receuoir aucun commandement, fe-
lon les loix, naturelle, morale, & diuine de tuer ou faire tuer
tout Tyran, qui par conuoitife, fraude, fortilege, ou malengin,
machine contre le falut corporel de fon Roy & de fes fuperi-
eurs, &c. Et en la troifieme propofition. *Il eft permis*
a tout fujet, honorable, & meritoire, de tuer ou faire tuer le
fufdit Tyran traiftre & infidele a fon Roy. Et en la fixi-
eme. *Le Roy doit falarier celuy qui a tué ou fait tuer le fuf-*
dit Tyran,&c. Ces propofitions de Iehan Petit ont efté
condamnées par le Concile de Conftance comme im-
pies & fcandaleufes. Or eft il certain que ledit Concile a entendu le mot de Tyran au mefme fens que Iehan Petit l'a pris. Il n'a donc pas entendu condamner
celuy qui tueroit vn Roy ou Prince Souuerain, mais
celuy qui tueroit par trahifon & fans charge vn fujet fe
rebellant & machinant contre fon Roy : Car Iehan
Petit tafchoit de iuftifier la mort du Duc d'Orleans
qu'il appelle Tyran encores qu'il ne fuft pas fouuerain,
& toutes les paroles de Iehan Petit fufalleguées tefmoignent qu'il parle d'vn Tyran qui eftant fujet fe rebelle contre fon maiftre. De façon que quiconques
aura recogneu de prés le but & le fens du Concile de
Conftance, trouuera qu'au lieu de pouruoir a la feureté des Rois, il diminue leur feureté, defendant aux
particuliers de tuer vn fujet qui attenteroit a la vie
du Roy.   Toute-

Toutefois poſons le cas que le Concile de Conſtance ſoit formel contre les meurtriers des Rois : car
auſſi ie veux preſumer que s'il euſt eſté queſtion des
meurtres de Princes ſouuerains, le dit Concile euſt
ſainement decreté. Mais que fait cela pour aſſeurer
leur vie ? puis que Monſieur le Cardinal ſe ſert de la
ſubtilité des Ieſuites, nous ayant declaré que par les
Rois il faut entendre ceux qui le ſont encores, & qui
ne ſont point décheus de leur droit ? Si donc le Pape
les depoſe ils ne ſont plus Rois, & ſont décheus de
leurs droits, & par conſequent les tuer n'eſt plus tuer
vn Roy, tant ces Meſſieurs ſont ſouples en paroles, &
ſe laiſſent touſiours quelque porte pour eſchapper.

Cependant le lecteur notera vn artifice prodigieux
& grandement mauuais. M. le Cardinal veult que les
parricides des Rois ſoyent retenus par loix Eccleſiaſtiques : On preſumeroit que voulant produire des
loix Eccleſiaſtiques pour aſſeurer la vie des Rois, il al-
legueroit la parole de Dieu, afin de parler auec plus de
poids & authorité. Mais au lieu de cela il propoſe vne
Loy d'vn Concile qui n'eſt approuué par les Papes, &
qui ne parle point de ce dont il s'agit : & quand
meſme il en parleroit, ſi eſt ce que le S᾽ Cardinal a en
main vne diſtinction fourchuë pour l'eluder. Vn bon
moyen pour eſtablir vne fauſſe opinion eſt de la com-
battre par raiſon fauſſes ou ridicules. Vn bon moyen
pour renuerſer vne doctrine veritable eſt de l'appuyer
ſur des raiſons ou authorités de neant : en parlant comme faiſoit Platon, qu'il appert que les *Plato The-*
ames ſont immortelles parce que les cignes chan- *done.*

N

tent

tent en mourant : Ou que la S. Escriture doit estre
creuë parce que le Pape l'a ordonné. Tels sont les
moyens par lesquels le Cardinal pouruoit a la seureté
de la vie des Rois.

Auec vn semblable artifice il fait mine de detester le
meurtre & assassinat des Rois, & cependant lesmeine
droit a la tuerie par la deposition & degradation. Car
il est certain qu'vn Roy deposé par le Pape taschera a
se maintenir & a garder sa Royauté, & se defendra
contre ses sujets rebelles que le Pape a dispensés du serment de fidelité.   Durant ce choc & trouble public
le Roy court diuers dangers, & expose sa personne
aux perils de la guerre, & sa vie est exposée en butte a
mille traistres : pource qu'vn Roy legitimement degradé, s'il veult retenir le gouuernail, est par necessité
tenu pour Tyran & vsurpateur, & par consequent sa
vie exposée en proye : puis que les loix publiques permettent a chasque particulier d'entreprendre sur vn
vsurpateur du Royaume : *In reos maiestatis & publicos*
Apol.cap.... *hostes omnis homo miles est*, ce dit Tertullian. Ostés a vn
Roy le tiltre de Roy legitime, vous luy ostés aussy ce
qui garentit sa vie, & qui le garde plus que ses gardes
du corps, lesquels vn homme desesperé penetre aisement, estant maistre de la vie d'autruy puis qu'il mes-
prise la sienne. Ceux donc qui font mine de ne vouloir pas qu'on tuë les Rois, mais veulent qu'on les depose, font comme s'ils disoyent, ne le tuons pas mais
desarmons le afin qu'on le tue. Ne luy ostons pas la
vie mais ostons luy le moyen de la garder : Ne le tuons pas pendant qu'il est Roy car ce seroit chose horrible,

rible & abominable, mais depofons le, par ce moyen
celuy qui le tuëra ne tuera pas vn Roy. Cela foit dit
touchant vn Roy contre lequel fentence de depofition a efté prononcée par le Pape, mais qui eft encores
armé pour fe defendre.

Mais s'il aduient que la fentence du Pape s'execute,
& qu'actuellement le Roy foit depouillé & perde fon
Royaume, il eft bien malaifé que fa couronne perduë
il puiffe conferuer fa vie. Les Rois ne font pas comme
les chats qui iettés d'vn lieu haut tombent toufiours
fur leurs pieds. Peu d'Empereurs & Rois ont furuef-
cu a leur Empire, pource qu'on monte a vn Royaume
par quelques degrés, mais il n'y en a point pour def-
cendre. Celuy qui s'eft emparé du Royaume d'autruy a
trop d'intereft a ne point laiffer viure celuy qu'il a dé-
poffedé. Que fi quelques vns font efchappés, ils ont
vefcu fugitifs & miferables en pays eftranger, ou ont
efté retenus en captiuité mille fois pire que la mort.
Denis Tyran de Siracufe deuint maiftre d'efchole a
Corinthe, s'eftant choify vn meftier qui retenoit quelque image d'empire. C'eft le feul homme qui ait efté
en humeur de rire apres la perte de fon Royaume.
En mon Royaume d'Angleterre, plufieurs Rois ont
efté deposés : comme Edouard II. Richard II. Henry
VI. lefquels tous ont efté tués cruellement en prifon.
Du temps d'Edouard III. par ordonnance des eftats
furent declarés traiftres tous ceux qui imaginent (c'eft
le mot de la Loy) ou machinent la mort du Roy.
Sur laquelle ordonnance les iuges du pays fe fon-
dans , ont toufiours depuis iugé pour traiftres

N 2

ceux

ceux qui ont ofé parler de la depofition du Roy, pour ce qu'ils ont creu qu'on ne pouuoit ofter au Roy fa couronne fans luy ofter la vie.

C'eft donc par moquerie que M. le Cardinal dit, que *l'Eglife ne fe mefle de l'abfolution de fes fujets finon au tribunal Ecclefiaftique. Et oultre cefte peine là (qui eft de difpenfer les fujets d'eftre fideles au Roy) & celle de l'excommunication, n'en impofe aucune autre. Au moyen de quoy tant s'en faut qu'elle côfente qu'on entreprenne fur la vie de ceux contre qui elle a ietté fes cenfures, qu'elle abhorre toutes fortes de meurtres, & principalement les meurtres impreueus & inopinés a caufe de la perte du corps, & de celle de l'ame, qui y font fouuent coniointes.* Car nous auons monftré que la depofition d'vn Roy entraine auec foy la mort du Roy ou chofe pire que la mort : Qu'importe fi l'Eglife n'ordonne point le parricide des Rois mais fait chofes dont il s'enfuyue neceffairement ? Ioignés a cela que M. le Cardinal contre toute raifon met l'abfolution des fujets du ferment de fidelité, entre les peines qui fe iugent au tribunal Ecclefiaftique. Car cefte peine eft vne peine ciuile & non Ecclefiaftique, & par confequent ne peut eftre iugée au tribunal Ecclefiaftique fans empieter fur le ciuil. Auec encores moins de raifon il dit que l'Eglife ne confent pas qu'on entreprenne fur la vie de ceux contre lefquels elle a ietté fes cenfures. Car le Pape Vrbain, au Canon *Excommunicatorum* parle ainfi. *Nous n'eftimons pas ceux là eftre homicides, aufquels il fera aduenu de tuer quelques excommuniés par vn ardeur de zele enuers l'Eglife Catholique leur mere.* Que fi le Pape n'approu-

n'approuuoit point l'affaffinat des Rois, il deuoit
cenfurer le liure de Mariana Iefuite, qui louë &
extolle tels parricides, puis qu'il a bien pris la peine
de cenfurer d'autres liures de Mariana.   Item il ne deuoit cenfurer l'arreft de la Court de Parlement de Paris contre Iehan Chaftel. Il ne deuoit fouffrir qu'a
Rome, & par liures & par tableaux exprés Garnet &
Oldecorne mes faifeurs de mine de poudre fuffent mis
au roolle des martyrs : Et voyant deux grands Rois
tués l'vn aprés l'autre, il deuoit par quelque declaration publique tefmoigner fon fentiment, & faire quelque loy qui pourueuft a la feureté des Rois pour l'aduenir. Il a cenfuré voirement le liure de Becanus, afin
de preuenir par vne cenfure foible & captieufe vne cé-
fure plus exacte & plus rigoureufe de la Sorbonne. Car
la cenfure du Pape contre Becanus n'eft qu'vne cenfure generale qui ne fpecifie rien de particulier qui touche la vie des Rois : & quelque deux mois aprés le dit
liure a efté rimprimé & dedié au Nonce du Pape en
Alemagne, fans aucun changement qu'en deux articles
qui contenoyent le pouuoir abfolu du peuple par deffus les Rois; Mais en recompenfe trois ou quatre articles y ont efté adjouftés touchant le pouuoir du Pape
fur les Rois, autant ou plus mefchans & injurieux
contre les Rois que les autres claufes dont on s'eftoit
plaint. Que fi nous voulions ramaffer les exemples
des Empereurs anciens, comme de Henry IV. dont le
Pape perfecuta mefme le corps mort. De Frederik II.
contre qui le Pape incitoit le Soudan. D'Elizabet
Royne de glorieufe memoire, que perfonnes venuës

N 3

exprés

exprés de Rome ont tafché de tuer, & autres fembla-
bles exemples que i'ay deduits en mon Apologie pour
le ferment de fidelité, ie ferois voir plus clair que le
iour combien eft efloigné de verité ce que dit le
Sr Cardinal, *que iamais aucun Pape n'eft pafé iufqu a prefter
confentement ou confeil aux affaffinats des Princes.* Cela
fur quoy nous infiftons maintenant fuffit pour le
conueincre, afçauoir qu'en depofant les Rois il les
meine droit a la mort.

Pag.97.

Pag.95.   Le Cardinal mefme en recognoift quelque chofe, difant que l'Eglife abhorre principalement les meurtres
impreueus & inopinés, comme recognoiffant qu'elle
n'improuue pas fi fort ceux qui fe font par force ouuerte. Et peu aprés il nous dit qu'il trouue bon qu'on
pourfuiue vn Roy deposé, par guerre ouuerte, dont
s'enfuit qui'l peut eftre iuftement tué en guerre. Qui
eft vne clemence bien notable : car vn Roy fera bien
plus doucement traitté, s'il eft tué d'vn coup d'arque-
buze en vn champ, que s'il eft tué d'vn coup de couteau en fa chambre : ou fi en vn fiege de ville il eft
emporté par vne mine, que fi en paix la mine eft faite
fous la maifon. Et voicy la raifon : c'eft qu'es meurtres
inopinés l'ame bien fouuent perit auec le corps. Cecy
eft de la bonté & clemence de ces inftigateurs de parricides, d'auoir foing des ames dont ils font tuer les
corps. Ce confeil approche de celuy de Mariana Iefuite
qui n'eft pas d'aduis qu'on empoifonne vn Tyran en
fon manger ou en fon boire, de peur qu'en prenant
luy mefme le poifon, il ne foit coulpable de s'eftre tué
foy mefme. Mais eft d'aduis qu'a l'exemple des Rois
Maures,

Maures, on l'empoifonne en fa chaire ou en fon habit,
afin que l'ame du pauure Tyran foit innocente. O ef-
prits diaboliques, & qui fe garderoyent bien de donner tels confeils, s'ils croyoyent qu'es Rois il y euft
quelque peu de vigueur, ou es peuples quelque refte
de liberté. Et ceux que Dieu appelle fes Oincts, qui
font l'image de Dieu en terre, qui peuuent de leur re-
gard efcraser ces vermisseaux, fouffriront ils tousjours
qu'on leur crache impunément au vifage, & qu'en
leurs perfonnes la Majefté de Dieu foit tant vili-
pendée?

De mefme nature eft la moquerie euidente du *Pag.95.& 96.*
S. Cardinal par laquelle aprés auoir diftingué entre les
Tyrans d'adminiftration, & ceux d'vfurpation, il declare qu'il n'approuue pas les loix profanes & pay-
ennes, qui permettent de confpirer par embufches
contre vn Tyran d'adminiftration. Sa raifon eft *pource
qu'apres la depofition il refte encores en eux vne certaine
habitude a la dignité Royale, & comme vne efpece de charactere politique, qui les difcerne d'entre les fimples particuliers, & quand l'obftacle eft ofté les reporte a l'vfage legitime de la Royauté.* En tout cela il n'eft pas poffible qu'il
parle cóme il croit: car fi vn Roy depouillé pouuoit ef-
chapper le peril de mort, aprés eftre efchappé & reduit
a vne vie particuliere tant s'en faut qu'il luy reftaft aucune dignité ou charactere politique, qu'au contraire
il feroit plus contemptible & miferable que s'il n'euft
iamais efté Roy. C'eft vn bel oifeau qu'vn paon, mais
eftant plumé il eft plus ridicule qu'vne chouette. Vn
fimple artifan viuant a Rome en liberté, eftoit plus
heureux

heureux que l'Empereur Valerian detenu en captiuité
par Saporas Roy de Perse. Que si M.le Cardinal venoit
a perdre toutes ses dignités & charges Ecclesiastiques,
ie ne croy point qu'il peust prendre cecy pour consolation, asçauoir qu'il luy reste encor vne habitude a la
dignité perduë, & vn charactere Cardinalesque: & que
ceste consideration le fist resoudre plus aisement a aller
desormais a pied.

Mais voicy de quoy sans doute consoler les Rois deposés par le Pape pour heresie. *C'est* (ce dit Monsieur
le Cardinal) *que quand l'obstacle est osté,* c'est a dire, quant
ils viennent a se corriger ou amender, *ceste habitude &
charactere qui leur reste les reporte a l'vsage legitime de la
Royauté.* Car il presuppose qu'apres estre dechassés,
s'ils se repentent & deuiennent bons Catholiques Romains, celuy qui les a depossedés les rappellera, & de
bonne foy les remettra en leur droit ancien, bien ioy-
eux de leur conuersion. Mais i'aurois peur que ce
nouueau Roy ne demandast quelques années de terme pour esprouuer si la repentance du Roy depouillé
est vraye ou simulée : car il ne faut pas tousiours
croire aux paroles de ceux qui disent qu'ils se repentent.
Et peut estre qu'on luy fera accroire qu'il est tombé depuis en quelque autre heresie : ou que l'heresie impri-
me en la personne vn charactere plus indelebile que la
Royauté. En quoy la condition des Rois est dure, &
digne de commiseration, de ce qu'aprés qu'ils ont esté
punis de deposition, il n'y a plus de lieu a repentance.
Comme si leurs pechés estoyent pechés contre le S.
Esprit, ou le peché a mort pour lequel il ne faut point
                                                    prier.

prier. Vn particulier peut eftre reftabli, mais a vn
Roy depofé fa repentance eft inutile. Ainfi on ne peut
fouftraire a vn particulier fes feruiteurs fans fa permiffion & confentement, mais le Pape fait que nos fuiets
ceffent de nous eftre fuiets, en les faifant clercs fans
demander noftre confentement. Que fi vn Roy deuient heretique, mais fon fils eft bon Catholique, & que
le Pape depofe le Roy, qui eftce qui prendra la place
du Roy deposé? ferace vn eftranger? mais ce feroit faire
tort au fils qui eft innocent : ferace le fils? mais ce fils,
s'il craint Dieu, ne voudra iamais chaffer fon pere, ny
imiter l'exemple de l'Empereur Henry V. lequel a l'in-
ftigation du Pape dechaffa fon pere de l'Empire en fa
vieilleffe. Ni fuiure le confeil du Docteur Suarés
Iefuite, lequel en fon liure contre moy, approuué
par vn grand nombre de Docteurs, au liure 6.
chap. 4. aprés auoir dit que *fi Papa Regem deponat ab
illis tantum poterit expelli vel interfici quibus ipfe id commi-
ferit,* c'eft a dire, que fi le Pape depofe vn Roy, il ne
peut eftre iuftemét chaffé ni tué que par ceux aufquels
le Pape en aura donné charge , peu aprés adioufte
que *fi le Pape declare vn Roy heretique & defcheu du Royaume, fans rien declarer plus oultre touchant l'execution,* c'eft
a dire fans donner a perfonne charge expreffe de letuer,
*alors c'eft au feul legitime fucceffeur de le faire, s'il eft Catholi-
que ou s'il ne le veult faire c'eft a la cómunauté du Royaume.*
Sentence bien notable. Car le legitime fucceffeur d'vn
Roy c'eft fon fils , lequel felon cefte reigle doit tuer
fon Pere, fi toft que le Pape l'aura depofé. Ce qui eft
d'autant plus confiderable, que ce liure abominable

O

eft

est escrit exprés contre moy, & par consequent aprend
a mon fils que s'il venoit a se faire Catholique Romain,
& que le Pape là dessus donnast contre moy sentence
de deposition, il deuoit estre meurtrier de son propre
pere. Telle est la religion de ces Saincts Peres defenseurs de l'Empire de sa Saincteté, en comparaison desquels tout ce qu'il y a iamais eu d'impieté entre les
payens, ou de Barbarie entre les Canibales n'est que
clemence & humanité. Cés choses deuoyent estre
considerées par Monsieur le Cardinal, plustost que
de nous parler d'habitudes & characteres politiques,
que le peuple n'entend pas.

Tout cela est peu de chose au prix de la closture de
son discours, par laquelle il veult persuader que la reception de cet article qui oste au Pape la puissance de deposer les Rois *leur apporteroit du peril & leur seroit dom-*
mageable, pource que cela introduiroit vn schisme, & par le
schisme des g erres ciuiles & le mespris des Rois, & le desir
d'entreprendre sur leurs personnes, & qui plus est le courroux
de Dieu.   Ce paradoxe est admirable & bon pour cre-
uer les yeux, qu'ils nous faille croire que pour asseurer
la vie des Rois, il faille que le Pape lés puisse deposer.
Qu'ils seront plus honorés quand leur couronne sera
sujette. Qu'il faille raualler leur grandeur pour asseurer leur vie. Qu'il faille qu'vn autre leur puisse oster
leur couronne, afin qu'ils la gardent long temps. C'est
a dire qu'ils perdent leur souueraineté afin qu'ils la gardent. I'estimois que la possession de mon bien me seroit plus asseurée si nul autre que moy n'en pouuoit
disposer : mais cet erreur nous est aduenu par faute de
subtilité :

ſubtilité : Dont eſt a craindre que le Pape ne nous mette de la confrairie du bon Childerik. N'eſtant donc pas capable de comprendre ceſte raiſon admirable, i'ay recours a l'experience, & n'ay encores peu trouuer que pour auoir creu que le Pape ne peut de droit depoſer les Rois, il en ſoit iamais aduenu aucun trouble ni guerre ciuile. Au contraire l'eſtabliſſement des maximes contraires a fait naiſtre en Angleterre du temps de mes predeceſſeurs Henry II. Iehan, & Henry III. mille rebellions, & vne extréme deſolation. Ce ſont ces maximes qui ſous les Empereurs Henry IV. & Frederik I. ont fait ruiſſeler l'Europe de ſang Chreſtien pendant que les Sarrazins en Orient diſſipoyent la Chreſtienté. Ce ſont ces maximes qui ont amené en France les guerres de la ligue derniere : qui ont reduit la France a deux doigts prés de ſeruir a vne autre nation, & ont cauſé la mort de deux Rois. Par ainſi le Sr. Cardinal nous baillant cés maximes diaboliques pour moyens d'aſſeurer aux Rois leur vie & leur eſtat, parle comme s'il leur conſeilloit de ſe ſecher en l'eau, ou de ſe chauffer a la Lune.

EXAMEN DE LA CONCLVSION
DE M. LE CARDINAL
du Perron.

EN fin des raiſons il deſcend aux prieres & exhortations : dont la ſomme eſt, *Qu'il coniure ſes auditeurs a ne remedier pas au ſalut temporel des Rois en leur faiſant perdre le ſalut Eternel : A ne rompre point l'vnion de l'Egliſe en vn ſiecle infe-́té d'hereſie, qui a deſia tant de part en France,*

&

& qui se renforce par le schisme des Catholiques, & qui croissant ne pourra choquer la religion sans heurter les Rois. Que ceux qui ont les premiers remué ceste pierre de scãdale, n'ont eu autre but que de diuiser l'Eglise. Dit qu'il estime que Messieurs du tiers estat ne sont pas les autheurs de cet article, mais que cela a esté suggeré par ceux qui estans desia diuisés d'auec l'Eglise Romaine, se seruent d'hommes portans le nom de Catholiques voire Ecclesiastiques afin de surprendre les simples sous vn beau pretexte, qui est le seruice du Roy. Ayans fait comme Iulian l'Apostat qui voulant porter les Chrestiens a adorer les idoles des faux Dieux, fit mesler auec ses images les idoles de Iuppiter & Venus, &c. Et apres quelques fleurs de Rhetorique, dit, *Que cet article est vn monstre qui a la queuë de poisson comme venu a nage d'Angleterre. Car c'est le serment d'Angleterre tout pur, sinon que celuy d'Angleterre est encores plus doux & modeste.* Se met la dessus a louër ma personne acause du sçauoir & d'autres vertus ciuiles, & pour auoir pris la peine d'entrer auec luy en lice des disputes de Theologie. *Que taschant a mettre le schisme parmi l'Eglise Romaine ie pense faire ce que ie doibs, mais qu'il n'est pas iuste que ce qui se fait en Angleterre serue de loy en France, ni que les Catholiques & particulierement les Ecclesiastiques, pour auoir seureté & liberté en France, soyent forcés de iurer & s'obliger de croire les mesmes choses qu'il faut qu'ils iurent, pour auoir permission de respirer ou plustost de souspirer en Angleterre, & s'il se trouue en Angleterre des personnes assés constantes, pour souffrir toutes sortes de supplices plustost que d'y consentir, ne s'en trouuera il point en France qui facent le mesme? Si fera certes Messieurs (dit il) il s'en trouuera,* & tout ce que nous sommes d'Euesques irons plustost au Martyre. Par vn sur-

furcroiſt d’honeſteté, il fait vne oppoſition entre ſon
Roy & moy, louänt Dieu de ce qu’il ne prend pas plaiſir a faire des Martyrs.

Tout ce propos ampoullé & artificiel ſe trcuuera
fort foible eſtant regardé de prés. Car Meſſieurs du
tiers Eſtat n’ont pas creu qu’en pouruoyant a la vie &
ſeureté de leur Roy, ils le precipitaſſent pourtant en
damnation eternelle : & ne ſont pas ſi perclus de ceruelle que de croire qu’on ne peut ſauuer l’ame du Roy
ſans le rendre depoſable par le Pape.

Ce qu’il dit que les heretiques de France font leur
profit de ceſte diuiſion, eſt fondé ſur ceſte propoſitió,
que ceux de la Religion Chreſtienne reformée, c’eſt a
dire repurgée du Papiſme, ſont heretiques : ce qui ſe
prouuera quand on aura fait vn autre Euangile, ou forgé vne autre Bible. Monſieur le Cardinal auoit entrepris de m’inſtruire la deſſus, mais il eſt demeuré court
enchemin. Il y a desja trois ans qu’il prepare la reſponſe a vn mien eſcrit fait en peu de iours, laquelle il
a faite & deffaite pluſieurs fois, en ſorte que ie penſe
que ſon trauail eſt reuenu a rien. Et toutefois la perſonne d’vn Roy qui luy eſcriuoit auec amitié, & l’im-
portance de la choſe meritoyent bien de mettre au
iour quelque reſponſe. Ce que ie n’impute pas a faute
de capacité, laquelle ie ſçay eſtre tres grande en luy,
mais a la recognoiſſance de n’eſtre bien fondé.

Pour donc reuenir a ces heretiques qui font leur
profit des diuiſions des Catholiques, leur deuoir eſt
de ne viſer pas a ſemer des diſſentions, mais a eſtre fideles a leur Roy : Que ſi en ce faiſant ils plaiſent a

quelques

quelques vns & deplaifent aux autres, ils doiuent eftre
marris de ce qu'ils ne plaifent a tous en parlant pour
leur Roy, & fouftenant la verité. Que s'ils eftoyent
autheurs de l'article du tiers eftat, ils ne deuroyent
fe cacher en cela : car ce leur feroit vne gloire d'auoir
efté feuls foigneux de la vie & couronne de leur Roy.
Mais les deputés du tiers eftat n'auoyent pas befoing
d'apprendre d'aillieurs vne chofe dont les hiftoires de
France font pleines : Il n'eftoit befoing qu'ils fiffent
paffer a nage cefte doctrine reparée d'vne queuë de
poiffon, puis qu'ils auoyent deuant leurs yeux les
meurtres de deux Rois, tant de guerres ciuiles, tant
d'arrefts de la Court qui ont tafché a y apporter le
mefme remede. Il ne faut point de fuggeftions d'aillieurs quand on fent le mal : & me femble qu'en ama-
douänt les deputés du tiers eftat il les outrage, comme
s'ils n'euffent eu afsés de pouruoyance & d'affection
enuers leur Roy, fi elle ne leur euft efté fuggerée par
ceux de la Religion. Quant a moy qui fuis mis en ce
rang comme femeur de diffentions, ie protefte en
bonne confcience n'auoir iamais eu ce deffeing. I'ay
accouftumé d'vfer de voyes plus franches & ouuer-
tes, & n'ay befoing de me cacher par crainte de perfonne. Et ne veux en rien imiter l'Empereur Iulian,
qui de Chreftien eftoit deuenu payen, mais moy i'ay
tousjours efté Chreftien. Il y alloit par rufe, & moy
fans artifice. Il pouffoit fes fujets a infidelité contre
IESVS CHRIST, & moy j'induis mes fujets a la fidelité enuers moy commandée par IESVS CHRIST.
Differences que i'ay plus amplement deduites en ma
refponfe

refponfe a l'Epiftre de Bellarmin a Blakwel, d'ou M. le
Cardinal ayant puisé cet exemple y deuoit auffi apprendre la refponfe.

Que fi le foupçon qu'il a de moy eft mal fondé,
auffi les louanges dont il me berce ne m'endormiront
pas. Louër vn homme pour fon fçauoir, mais luy
ofter la crainte de Dieu, c'eft tout ainfi que fi ie lou-
ois vn foldat pour la beauté de fes cheueux, mais l'ap-
pellois homme lafche & poltron. Le fçauoir en vn
homme heretique ne fert qu'a le rendre plus coulpable.
Toutes vertus fe tournent en vices quand elles feruent a l'impieté. Ces chambrieres que la fapience fou-
ueraine appelle a foy au 9. des Prouerbes, font les vertus & fciences humaines, qui deuiennent pernicieu-
fes, quand quittant leur maiftreffe elles fe mettent
au feruice du diable. La difference qu'il y a entre deux hommes fans cognoiffance de Dieu,
dont l'vn eft fcauant & ciuilement vertueux, l'autre eft
brutal & profane en fes moeurs, eft que l'vn va en enfer de meilleure grace, & fe perd auec plus de dexterité.
Sur tout il deuient doublement abominable s'il employe fes vertus ciuiles a perfecuter l'Eglife, & fi on luy
peut dire comme a Cefar, qu'auec fobrieté & fens raf-
fis il entreprend la ruyne de fa patrie. Car il euft efté
meilleur pour fon pays qu'il euft efté yure. Bref ie re-
iette les louanges efquelles il n'y a rien qui ne puiffe
eftre dit de quelque Roy de Maroco, & qui m'ornant
de menus acceffoires me depouillent du principal, qui
eft la crainte & cognoiffance de mon Dieu, auquel i'ay
confacré mon fceptre, mon efpée, ma plume, & ma vi-
gilance.

gilance, en recognoiſſance de la grace qu'il ma faite de m'auoir deliuré de l'erreur du ſiecle, & mon Royaume du ioug du Pape qui l'accabloit : ou maintenant Dieu eſt purement ſerui & inuoqué en langue que tous entendent : Ou le peuple peut lire l'Eſcriture ſans priuilege ſpecial, & auec la meſme liberté que le peuple d'Epheſe, de Rome, & de Corinthe liſoit les Epiſtres que S. Paul leur eſcriuoit. Ou le peuple ne paye plus de tribut par teſte pour auoir la remiſſion de ſes pechés, comme il faiſoit il y a cent ans : & n'eſt plus contraint d'aller chercher des pardons dela les mers & les môts, leſquels Dieu preſente a mes ſujets en leur pays par la doctrine de l'Euangile. Si pour ces cauſes M. le Cardinal appelle les Egliſes de mon Royaume miſerables, noſtre miſere vault mieux que ſa felicité. Au reſte ic taſcheray moyennant la grace de Dieu de conduire ma vie en ſorte que nul ne la pourra blaſmer ſans me calomnier : Et n'ay point ſi mauuaiſe eſtime de moy que les Papes ont d'eux meſmes, leſquels ne croyent pas qu'il ſoit poſſible qu'aucun Pape ſoit ſauué. Deux Papes qu'on met entre les meilleurs, aſcauoir Adrian IV. & Marcellin II. ont dit qu'ils ne voyoyent point de moyen comment ceux qui ſont au ſiege Papal puiſſent eſtre ſauués. Car ie me fie en la promeſſe de mon Dieu contenuë en l'Euangile, que me repentant de mes fautes & croyant en IESVS CHRIST ie troueray remiſſion de mes pechés par ſon nom. Ne craignant point d'eſtre hors de l'Egliſe pendant que i'adhereray a IESVS CHRIST chef de l'Egliſe, de laquelle le nom ſert aujourd'huy de couuerture a mille

nouuelles

nouuelles inuentions , & qui ne fignifie plus l'af-
femblée de ceux qui croyent en IESVS CHRIST felon fa parole, mais vne monarchie temporelle dont le
Pape eft le chef. Que fi le Sr Cardinal fçauoit les
horribles confpirations qu'on a braffé contre ma vie
& de ma famille, & de combien de perjures & trahi-
fons ont efté conueincus quelques Ecclefiaftiques, au
lieu de m'accufer d'empefcher les Catholiques de fouf-
fpirer, voire de refpirer, & de leur faire fouffrir toutes
fortes de fupplices,il s'efbahiroit comment ie vis encores, & comment aprés tant de perils i'vfe encores de
clemence. Que fi le Roy de France auoit en fon
Royaume des perfonnes qui luy niaffent fa fouueraineté, comme font plufieurs Catholiques Romains de
mon Royaume , ie ne fçay pas fi Monfieur le
Cardinal confeilleroit fon Roy de les traitter auec douceur, ou s'il louëroit la conftance de ceux qui l'auroyent voulu affaffiner ou enleuer auec de la poudre· ou
s'il fouffriroit vn hôme qui (comme il fait luy mefme)
exhorteroit les autres a fouffrir le Martyre a leur exemple,& a imiter la conftance des traiftres & parricides.
Voila donc ou en reuiennent les louanges qu'il me
donne, c'eft qu'il incite mes fujets a me faire mourir,
puis que ceux qui attentent a ma vie font appellés martyrs, & leur conftance admirée, quand pour trahifon
ils fouffrent le dernier fupplice. Car la verité eft que
nul n'a encores efté puni de mort ni d'aucun tourment
corporel en mon Royaume pour la Religion, mais
pour confpiration contre ma vie & contre mon eftat,
ou pour quelque autre crime, ou notable defo-

P

beiffance.

beiſſance. Encores tout de nouueau en Eſcoſſe i'ay fait pendre vn Ieſuite, qui ſouſtenoit fort & ferme que i'auois raui au Pape ſon droit, & que ie n'auois nul droit en la poſſeſſion de mon Royaume. Dont s'enſuit que Monſieur le Cardinal s'offrant au Martyre, a l'exemple des Catholiques qui ont ſouffert toutes ſortes de ſupplices en mon Royaume, ſe rend imitateur de traiſtres & parricides, & propoſe leur vertu en exemple aux Eueſques de France. O nom ſacré de Martyrs horriblement prophané! O ſainéts Apoſtres qui auez eſpandu voſtre ſang pour le teſmoignage de la parole de Dieu, que vous eſtes bien accouplés, d'auoir pour compagnons des tueurs de Rois, ou pour parler plus doucement, des Martyrs qui ſouffrent pour maintenir les droits temporels de l'Empire Papal: des Eueſques qui s'offrent a vn Martyre problematique, pour vn point non decidé par l'Eſcriture, ni par l'ancienne Egliſe, & dont eux meſmes declarent qu'ils ne parlent que problematiquement & ſans reſolution! Certes ie tiens Monſieur le Cardinal trop ſage & trop clair voyant pour croire qu'en cés choſes il parle ſelon ſon ſentiment. Mais ayant eſté pouſſé a plaider ceſte cauſe contre ſa volonté, comme il le confeſſe, il s'eſt laiſſé engager a parler contre ſa conſcience, & a affermer des choſes dont il eſt mal informé, comme quand il dit qu'en Angleterre pluſieurs Catholiques ont ſouffert toutes ſortes de ſupplices, pluſtoſt que de conſentir a cet article. Car en Angleterre il n'y a qu'vne ſeule ſorte de ſupplice qui ſe pratique contre toutes ſortes de traiſtres: comme i'ay deduit plus au long,

en la

en la Preface de mon Apologie.

A cés eloges qu’il me donne d’eſtre perſecuteur & de faire ſouffrir aux Catholiques toutes ſortes de ſupplices, & a ceſte exhortation de ſouffrir le Martyre, a l’imitation de mes traiſtres & parricides, ſi vous adjouſtés qu’il fait les Rois d’Angleterre feudataires du Pape, & leur Royaume obligé au Pape par vne recognoiſſance temporelle, vous trouuerés que les louanges qu’il me donne ſont vn peu de miel couurant beaucoup de fiel, & qu’elles ſont detrempées de mille fois plus d’amertume. Car ayant au commencement _Pag. 10._ de ſa harangue parlé de certains Rois qui ſont feudataires du Pape, & qui ne ſont ſouuerains de toute ſouueraineté temporelle en leur Royaume, il s’expoſe peu aprés, & met les Rois d’Angleterre en ce rang, en ces mots. _Quand le Roy Iehan d’Angleterre, qui n’eſtoit lors_ _Pag. 30._ _obligé d’aucune recognoiſſance temporelle au Pape, eut chaſſé_ _ſes Eueſques, &c._ Il veult dire par là, que ledit Roy s’y eſt depuis obligé. Parler ainſi c’eſt m’appeller vſurpateur & Roy illegitime, car celuy qui tient vn fief, a faute d’hommage & de payer les redeuances a ſon Seigneur feodal dechoit de la proprieté. A laquelle reproche Bellarmin adjouſte que le Pape a donné aux Rois d’Angleterre l’Irlande : mais ne dit pas qui auoit donné l’Irlande au Pape.

Quant a Iehan Roy d’Angleterre : ce Roy pourſuyuant la meſme querelle que ſon pere Henry II. auoit debattuë touchant la collation des benefices, eut pour contraires quelques Eueſques, leſquels pour ceſte cauſe il chaſſa. En ce temps la ceux qui ſouffroyent pour les

P 2

pre-

pretentions temporelles des Papes contre les Rois
estoyent appellés martys & confesseurs. Là dessus le
Pape excommunie le Roy, & fait sousleuer contre luy
ses Barons desia d'allieurs asés mal affectionnés enuers leur Roy, donne l'Angleterre a Philippe Auguste
Roy de France, mais a condition de la conquerir, luy
promettant pour fruit de son trauail la remission de
ses pechés : bref taille tant de besongne au Roy Iehan, qu'il ne trouua autre moyen d'appaiser le Pape
qui luy suscitoit tous cés troubles que de se rendre
son vassal, & faire son Royaume vn fief du siege Papal,
rendant sa couronne tributaire & chacun de ses sujets
taillables par teste a vn certain tribut. Par ce moyen il
obtint la remission de sés pechés. S'il fit cela par de-
uotion il est aisé a iuger, en ce que pour sortir de ceste
seruitude il voulut assuiettir son Royaume a Amiral
Murmelin Mahometan Roy de Grenade & de Barbarie. Depuis ce temps là le Pape enuoyoit en Angleterre vn Legat, auquel le Roy faisoit hómage de sa couronne, & mettoit vne somme d'or a sés pieds, laquelle
ce venerable Legat fouloit aux pieds en signe de domination : & es festes solemnelles souffroit qu'on le pla-
ceast en la chaire du Roy. Ie demande la dessus a M. le
Cardinal si cés choses estoyent iustes ou injustes. S'il
lés estime injustes il ne deuoit amener cet exemple.
S'il estime qu'elles ayent esté iustes, qu'il me die qui a
donné la puissance au Pape de se rendre Souuerain en
vn Royaume es choses temporelles, esquelles il n'auoit
iamais rien pretendu auparauant. Estce vn acte de
Sainteté de remplir vn Royaume de troubles, afin
de

de reduire vn Roy a telle mifere qu'il puiffe luy enleuer la fouueraineté ? Quand a commencé cefte puiffance ? Quand a il commencé de la mettre en pratique? Les anciens Canons (car l'Efcriture n'a point
icy de credit) ordonnent ils aucune telle fatisfaction a
vn pecheur, que de Souuerain il fe rendra vaffal de fon
Pafteur , & rendra foy & fes fujets tributaires a vn
Euefque, qui degraiffera vn pays d'argent, & receura
hommage d'un Roy le rendant fon vaffal ? Vn pecheur
ne peut il obtenir la remiffion de fes pechés de fon
Pafteur fans luy donner fon bien , & fe laiffer depo-
uiller de fes poffeffions par forme de penitence? Si le
Pape oftoit le bien a vn Prince pour le donner a vn
autre, encore feroit ce vne Tyrannie de difpofer du
bien d'autruy, & donner ce qui n'eft point a luy. Mais
de le prendre pour foy, & abfoudre vn pecheur en le
depouillant, pour s'accommoder foy mefme du bien
d'autruy, c'eft faire plufieurs maux. Car c'eft non feulement changer la nature du fiege Epifcopal qui eft fpi-
rituel,en vn throfne de Monarque temporel,mais auffi
de la repentance des pecheurs en faire vn piege & vn
trebuchet de piperie,& du filé de S.Pierre vn filé pour
enlacer les richeffes des Royaumes. Qui plus eft, c'eft
faire faire a vn Prince ce qu'il ne doibt ni ne peut. Car
vn Roy ne peut faire changer de nature a fa couronne,
ni laiffer fa dignité Royale a fon fucceffeur moins libre
qu'il ne l'a receuë, moins encores par vne paction indigne degrader fa pofterité & rendre fon peuple tributaire a vn Prince eftranger, moins encores a vn preftre
auquel n'appartient point de fe mefler des affaires ci-

                                     uiles

uiles des Rois, ni de mettre la main fur leurs coronnes. Dont aufli lors que le Pape enuoya a Philippe Augufte vn Nonce pour le prier de diuertir fon fils Louys d'accepter le Royaume d'Angleterre, ledit Roy Philippe dit au Nonce (felon que Matthieu Paris recite) *que nul Roy ou Prince ne peut donner fon regne fans le confentement de fes Barons qui font obligés de defendre le Royaume. Que fi le Pape veult fouftenir cet erreur, il donne aux Royaumes vn tres pernicieux exemple :* Le mefme hiftorien dit que le Roy Iehan eftoit odieux a fes fujets pour auoir indignement afferui fon Royaume. C'eft pourquoy ce droit du Pape n'eftant qu'vne vfurpation ridicule, s'en eft allé en fumeé fans que pour le luy arracher il ait falu tirer vn feul coup d'efpée. Car la puiffance du Pape qui ne gift qu'en opinion, & n'eft qu'vne imagination en l'air baftie par l'orgueil, & entretenuë par la fuperftition, fe diffipe aufli par la premiere manifeftation de la verité. Nul n'eftant fi ftupide qu'il ne recognoiffe que fi ce droit du Pape fur l'Angleterre eft fondé en la parole de Dieu, il faut qu'il ait pareil droit fur tous autres Royaumes, puis que tous Royaumes font également fujets a la parole de Dieu. Car la France aura elle ce priuilege d'eftre moins fujette a Dieu que l'Angleterre? Ou bien cefte feruitude mife fur les Anglois eftoit ce vn priuilege qui leur feruift pour eftre plus aifement fauués, pource qu'en donnant tout leur bien au Pape il leur departiffoit en contréfchange plus de graces fpirituelles? Ces chofes font honteufes feulement a penfer, & neantmoins ce font les conceptions dont Monfieur le Cardinal entretenoit fon auditoire.

De

De ce propos il retombe sur les heretiques. *Il n'y a,* *Pag.*105.
dit il, *Synode de Ministres qui voulust signer l'article que l'on*
nous veult obliger de iurer. En quoy il s'abuse. Les Ministres de mon Royaume l'approuuent & le preschent. Ceux de France le preschent, & sçay que pas vn
d'eux ne refusera de le signer.

Il adiouste. *Et n'y a vn seul de leurs Consistoires, qui ne se*
croye estre dispensé du serment de fidelité enuers les Princes
Catholiques quand ils les veulent forcer en leurs consciences.
De la viennent ces modifications qu'ils ont si souuent en la
bouche: Pourueu que le Roy ne nous force point en nos consci-
ences. De la viennent ces exceptions de leur profession de
foy, Pourueu que l'Empire souuerain de Dieu demeure en son
entier. Ie ne puis comprendre que fait cela pour prouuer que les Rois sont deposables par le Pape. Car si
ceux de la Religion auoyent quelque semblable erreur,
cela n'excuseroit point ceux de l'Eglise Romaine qui
seroyent contraires a leur Roy ; Mais en ce que le Sr.
Cardinal ameine il n'y a rien qui ne s'accorde bien a-
uec l'article du tiers estat, & auec l'obeissance deuë au
Roy. Car ils ne disent pas qu'au cas que le Roy leur
commandast de faire chose contre leur conscience ils
voudroyent attenter a sa vie, ou refuser de luy payer les
tailles ou de le defendre en guerre. Ils ne disent pas
qu'ils le deposeroyent, ou dispenseroyent le peuple du
serment de fidelité presté au Roy, qui est ce dont il s'a-
git, & le mal auquel le tiers estat a voulu remédier
par cet article. Il y a bien de la difference entre n'obeir
point au Roy en vne chose que Dieu defend, & cependant luy estre sujet en toute autre chose, & entre
le

le depofer & ne le recognoiftre plus pour Roy. Si le Pape auoit commandé a Monfieur le Cardinal de faire chofe qu'il fceuft eftre contraire a la loy de Dieu, ie veux prefumer pieufement qu'il ne luy obeiroit pas, & neantmoins ne laifferoit de le recognoiftre pour Pape.

Il fuit fa pointe, & dit. *De là font venuës les armes qu'ils ont fi fouuent prifes contre les Rois, quand ils leur ont voulu ofter la liberté de leur Religion. De la font venus leurs foulé-uemens, & en Flandres contre le Roy d'Efpagne, & en Suede contre le Roy de Pologne Catholique.* Nous obiecte Iunius Brutus, Bucanan, Barcklay & Gerfon. Ie ne fçay a quel propos cela pour authorifer la depofition des Rois. Et toutefois il dit ce qui n'eft point : Car ie n'ay encor peu cognoiftre que ceux de la religion de France ayent pris les armes contre leur Roy. Aux premiers troubles ils n'ont efté que fur la defenfiue. Deuant qu'ils priffent les armes on les brufloit & maffacroit par tout. Et la querelle ne commença pas a caufe de la religion, mais pource que durant la minorité du Roy Francois II. ils auoyent ferui de retraitte aux Princes du fang dé chaffés de la Court, notáment au grand Pere du Roy a prefent regnant, & au grand Pere de Monfieur le Prince de Condé, lefquels ne fçauoyent ou fe retirer. Dont s'enfuit que de cela le Roy de France leur en doit fçauoir gré. D'autre fouleuement il ne s'en trouuera point. Ains au contraire, n'eft il pas vray que le Roy Henry III. enuoya contre eux des armées pour les exterminer, & que neantmoins ils font accourus a fon fecours fi toft qu'ils l'ont veu en peine? N'eft il pas

vray

vray qu'a Tours il luy sauuerent la vie & le deliure-
rent d'vn extreme danger? N'est il pas vray qu'ils
n'ont iamais abandonné ni luy ni son successeur, parmi la reuolte & rebellion de la plus part du Royaume
suscitée par le Pape & par la plus grande partie du
Clergé? Ne les ont ils pas assisté en toutes les batailles
& serui a releuer la couronne qui s'en alloit tomber?
N'est il pas vray que ceux qui ont persecuté le feu
Roy iouissent aujourd'huy du fruit des seruices de
ceux de la religion? Lesquels sont hays, non pour des
controuerses de la religion, mais pource que s'ils
estoyent creus la couronne des Rois de France ne dependroit plus du Pape, & n'y auroit en France aucun
François qui ne fust sujet du Roy : les causes benefi-
ciales & matrimoniales ne s'euoqueroyent point a
Rome, & le Royaume ne seroit plus tributaire sous
ombre d'annates & semblables impositions. M. le
Cardinal mesme les descharge de ce blasme, quand il
dit que ceste doctrine de la deposition des Rois par le
Pape a este tenuë en France iusques a Caluin : Il recognoist donc tacitement que les Rois estoyent mal ser-
uis auparauant, & que ceux qu'il appelle heretiques
ayans mis en veuë l'Escriture Saincte, ont fait cog-
noistre le droit des Rois qu'on tenoit opprimé. Quant
a ceux du pays bas & de Suede, c'est vn fait a part, & qui
ne fait rien a ce propos. Cés pays ont oultre la religion
des raisons d'estat desquelles ie ne veux me rendre
iuge.

Iunius Brutus qu'il nous obiecte, est vn autheur in-
cogneu, & peut estre que quelqu vn de l'Eglise Ro-

Q   maine

maine l'a fait exprés pour rendre odieux aux Princes
ceux de la religion.

Buchanan estoit vn Poëte & non vn Theologien. Il a
vsé de quelques paroles d'excés qui doiuent estre attri-
buées a son humeur violente, & a l'iniquité du temps,
& non aux reigles de sa religion.

Barklay qu'il nous allegue, ne parle point de deposer
les Rois, mais bien de ne les recognoistre plus pour
Rois, quand eux mesmes renoncét a la Royauté. Celuy
qui tient qu'vn Roy peut cesser d'estre Roy, ne tient
pas pour cela qu'il puisse estre deposé par le Pape.

De Gerson qu'il allegue a esté parlé cy dessus, ou
nous auons monstré que M. le Cardinal le deguise &
peruertit. Bref ie ne voudrois defendre tout ce que
quelques particuliers ont peu dire : c'est assés qu'en
nostre religion il ne se trouue aucune reigle de rebellion, ni rien qui dispense les suiets du serment de fidelité, ni aucune de nos Eglises qui reçoiue cés abomi-
nables maximes.

Richer.   Si quelqu'vn de ceux qui aujourd'huy en France
tiennent pour la souueraineté des Rois, contre les vsur-
pations des Papes a autrefois parlé autrement, il est
louäble de s'estre retiré d'vn si grossier abus, & a mieux
fait que M. le Cardinal qui a quitté son premier auis
qui estoit sainct & iuste. Vn tel homme va de mal
en bien, mais M. le Cardinal và de bien en mal.

" Finalement il clost sa harangue par la louange du
" Roy de France a present regnant, qu'il apppelle fils
" aisné de l'Eglise, & vn rejetton du lis que Salomon
" n'a pas egalé en sa gloire, & nous renuoye aux histoires
desquelles

defquelles nous pouuons apprendre que toutes fois „
& quantes que les Rois de France ont efté en vnion „
& concorde auec le fiege Apoftolique, & que l'efpoux „
afait fon pafturage entre les lis, toutes fortes de graces „
fpirituelles & temporelles ont pleu fur eux & fur leurs „
peuples. Au contraire lors qu'ils ont efté feparés du „
fiege Apoftolique, les lis ont efté entre les efpines & „
toutes fortes d'angoiffes les ont affiegés. „

Ie refpons que c'eft mal feruir le Roy que de le louer
de paroles, mais cependant afferuir & fouiller fa cou-
rône. Et que les hiftoires & l'experience nous aprennent
que la defunió auec le Pape n'a point empefché la profperité du Royaume. Philippe le Bel a reigné en paix &
profperité nonobftant les outrages faits au fiege Papal.
Le Roy Louys XII. a deffait en bataille les troupes du
Pape Iule II. & de fes alliés: la declaré decheu du Papat,
& fait battre des efcus ou Rome eft appellee Babylone,
& neantmoins a efté aimé & honoré de fes fujets qui
luy ont donné le tiltre de pere du peuple. Iamais la
Grand Bretagne n'a receu tant de benedictions de Dieu
ni iouy de tant de paix & d'abondance que depuis que
les Papes n'y ont plus que voir, & n'enuoyent plus
leurs Legats pour ceueillir le tribut de S. Pierre, & que
les Rois d'Angleterre ne font plus d'hommage au Pape
de leur couronne, & ne font plus fouettés par des
moines. Qu'eftoit ce que la Hollande, Zelande, &
Frife auant que Dieu y euft rallumé le flambeau de
l'Euangile, au prix des richeffes & de la profperité en
laquelle Dieu les a efleués? La Republique de Venife
iouit elle de moins de paix & de profperité qu'aupara-

 uant,

uant, depuis qu'elle a arraché au Pape vn de ſes glaiues,
& ſecoué ſa domination temporelle ? Au contraire les
Rois de France aprés auoir donné aux Papes tout ce
qu'ils tiennent en Italie, & le Contat d'Auignon,
ont receu des Papes vn bien rude traittement. Les Papes ont forgé vne donation de Conſtantin afin d'effa-
cer la memoire de la donation de Pepin & de Charlemagne. Ils ont troublé l'eſtat ſe bandans pour les fils de
Louys le Debonnaire contre leur propre pere, duquel la
vie eſtoit vn exemple d'innocence. Ils ont eſcumé le
Royaume d'argent par infinies pilleries, auſquelles les
Rois de France ont taſché d'obuier par la Pragmatique
Sanction.   Ils ont mis ſouuent le Royaume en interdit, degradé les Rois, ſollicité les voiſins a enuahir
le Royaume, ſouſleué le peuple contre le Roy, dont les
troubles & parricides ſe ſont enſuiuis. Rauaillac ren-
doit ceſte raiſon de ſon attentat, pource (diſoit il) que
le Roy vouloit faire la guerre a Dieu, entant qu'il vouloit faire la guerre au Pape, & que le Pape eſtoit Dieu.
Ce qui me fait eſbahir comment Monſieur le Cardinal
ameine pour exemple les troubles derniers durant leſquels la France eſtoit mal auec le Pape, veu que le Pape
meſme a ſuſcité cés troubles. Si les Rois ou le peuple
François ayants offenſé le Pape, Dieu euſt enuoyé d'aillieurs quelque peſte ou famine, cela euſt peu eſtre pris
auec probabilité pour vne vengeance de l'iniure faite
a ſon Vicaire. Mais puis que le Pape meſme a fait ces
maux, ce n'eſt pas Dieu qui punit les iniures faites au
Pape, mais le Pape qui ſe venge ſoy meſme, & qui pis
eſt ſans auoir receu aucune offenſe. Dont appert
qu'ex-

qu'exhorter vn Royaume par la memoire des calamités
paſſées a ſe tenir bien vni auec le Pape, ce n'eſt pas l'exhorter a aimer le Pape, mais a ſe ſouuenir des maux
qu'il a faits, & a redouter ſes foudres & ſes menées,
leſquelles ne nuiſent qu'a ceux qui les craignent, & qui
ont attiré ſur mon Royaume beaucoup de benediction.

Que ſi la France a eu quelque proſperité durant
qu'elle a eſté bien d'accord auec le Pape, c'a eſté pource
que le Pape recherche l'amitié des Princes qui ſont en
proſperité, & qui ont moyen de luy nuire. Les Rois
ne ſont pas en proſperité pource que le Pape eſt vny
auec eux, mais le Pape s'vnit auec eux pource qu'ils
ſont en proſperité. Comme les arondelles arriuent au
beau temps mais ne font pas le beau temps, ainſi le
Pape ſe ioint a la proſperité des Royaumes mais ne fait
pas leur proſperité. Mais s'il aduient quelque deſaſtre
en vn Royaume, ou quelque guerre ciuile qui mette
l'eſtat en peril, le Pape ſous ombre d'auoir ſoing du ſalut des ames ſe fourre parmy la querelle, & accourt au
debris pour y profiter: que ſi l'eſtat change de maiſtre il
veult que le nouueau poſſeſſeur auquel il a preſté aide
tienne le Royaume de ſa liberalité. Que ſi l'ancien
poſſeſſeur renuerſe ſes ennemis nonobſtant les foudres
Papales, a lors ſa ſainct eté luy offre toutes ſortes d'in-
dulgences & reçoit par compaſſion celuy qu'il n'a peu
deſtruire.

Tout cela eſt aduenu par le iuſte iugement de Dieu
qui a frappé les Rois de l'eſprit d'eſtourdiſſement, leſquels par pluſieurs ſiecles ont eſté ſans inſtruction, ce-

Q 3

pendant

pendant que fous ombre de Religion on rend leurs Royaumes tributaires, & qu'on afferuit miferablement leurs couronnes. Dieu qui tient en fa main le cœur des Rois, comme le decours des eaux, eft puiffant pour les reueiller d'vn fi profond endormiffement, & ne fouffrir plus que leur puiffance foit liée par des foibles fcrupules, comme puiffants taureaux qu'on meine auec vn filet. Ie mets mon fceptre & ma couronne aux pieds du Roy des Rois, preft de le feruir en vne fi jufte querelle, & de maintenir que mes freres & moy que Dieu a efleués fur le Throfne, ne tenons que de fa feule Majefté diuine, la dignité Royale, de laquelle je luy fay hommage & la confacre a fon feruice.

ADVER-

ADVERTISSEMENT

DE PIERRE DV MOVLIN,
MINISTRE DE LA PAROLE DE
DIEV en l'Eglise de Paris, sur le liure du
Sereniſſime Roy de la Grand Bretagne,
contre la harangue de Monſieur
le Cardinal du Perron.

E Lecteur ſera aduerti que pendant mon ſe-
iour en la Court du Sereniſsime ROY DE
LA GRAND BRETAGNE, ſa Maieſté a reçeu
copie de la harangue de Monſieur le Cardinal du Perron, en laquelle ayant trouué pluſieurs choſes qui outre l'honneur de DIEV,
& la cauſe commune des ROIS, touchoyent en particulier
l'honneur de ſa perſonne, & la dignité de ſa couronne, il s'eſt
reſolu d'y faire luy meſme vne reſponſe, laquelle ayant eſcrite
de ſa propre main, il luy a pleu me la communiquer, & me
commander de donner quelque poliſſeure au langage François, ſe deffiant en cela de ſoy meſme, quoy que noſtre langue
luy ſoit fort familiere. Et combien que les matieres & vne partie du ſtile François ſoient de ſa Maieſté, comme ie puis faire
paroiſtre par la copie eſcrite de ſa propre main que i'ay par
deuers moy : ſi eſtce qu'il a voulu que ce peu d'aide que ie luy
ay preſté fuſt cogneu a tous : Et m'a commandé d'aiouſter a la
fin de ſon liure ceſte preſente declaration, qui ſeruira a faire
cognoiſtre a tous la candeur & ſincerité de ſon naturel,
comme ſon ouurage fait foy de ſon ſcauoir exquis, & de la
vigueur de ſon eſprit incomparable, lequel apres le trauail
des grandes affaires il recrée par l'eſtude des choſes ſainctes,
diuiſant ſon eſprit entre l'eſtude ſerieux, & la ſage conduite
de ſes Royaumes.